MAIARA XAVIER

a Rica Simplicidade

Uma jornada de autodescoberta
para o enriquecimento

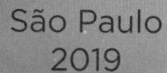

São Paulo
2019

© **2019, Empreende Ltda.**

Todos os direitos reservados e protegidos pela Lei n. 9.610, de 19/02/1998.

É proibida a reprodução deste livro, no todo ou em parte, sob quaisquer formas ou quaisquer meios (eletrônicos, mecânicos, fotográficos, gravação, distribuição na internet ou outros), sem permissão expressa da Empreende.

A autora, revisores e editor empregaram muito zelo na edição deste livro. Apesar dos esforços empreendidos, podem ocorrer erros de diagramação, impressão, digitação ou outros. Caso isso seja constatado, agradecemos o contato nos informando a necessidade de correções para que providenciemos as devidas alterações em edições futuras. As sugestões de correções podem ser enviadas à Empreende pelo e-mail: emp@empreende.com.br.

Não é de responsabilidade da Empreende nem da autora a ocorrência de eventuais perdas ou danos a pessoas ou bens, originados do uso desta publicação.

ISBN 978-85-66103-15-1

Empreende

emp@empreende.com.br

www.empreende.com.br

Imagem da capa: istockphoto/KatarzynaBialasiewicz

Editoração eletrônica: Danilo Oliveira

Revisão: Paula Brito Araújo

Copidesque e revisão: Empreende

Dados Internacionais de Catalogação na Publicação (CIP)
Angélica Ilacqua CRB-8/7057

Xavier, Maiara
  A rica simplicidade / Maiara Xavier. -- São Paulo : Empreende, 2019.
  160 p.
  ISBN: 978-85-66103-15-1

  1. Finanças pessoais 2. Educação financeira 3. Riqueza 4. Autoconhecimento I. Título

18-1691   CDD 332.024

Índice para catálogo sistemático:
  1. Finanças pessoais : Sucesso

À minha mãe, Flávia, que, com seu amor incondicional, sempre esteve ao meu lado dando todo apoio e carinho de que preciso, e responsável por desenvolver meu lado meigo.

Ao meu pai, Samir, que, com seu jeito rígido e militar de educar, foi responsável por desenvolver meu lado independente.

Ao meu esposo, Luiz, que desde sempre me apoiou e me deu todo suporte necessário para seguir meu propósito de vida.

Amo vocês.

Sumário

Introdução 9

1 Quem você é 15
    Uma visita à infância 16
    O que te move 27
    O que é riqueza para você 38
    Pequena revisão da primeira parte da nossa jornada ... 43

2 Onde você está 45
    Como chegou aqui 45
    Reconhecendo o ponto de partida (roda da vida) 52
    Você pode enriquecer? 79

3 Aonde quer ir 103
    Assuma o controle da sua vida! 103
    Definindo objetivos com propósito 109

4 Como chegar lá 127
    Simplificando a jornada: organização do orçamento ... 127
    Seu plano de liberdade financeira nas mãos 144

Referências 155

Introdução

Oi, Riqueza! Que bom te encontrar aqui e saber que vamos dividir as próximas páginas deste livro numa jornada incrível de autoconhecimento, focando no seu enriquecimento financeiro.

Eu venho dedicando os últimos 12 anos da minha vida a estudar e entender o enriquecimento. Da maneira mais prática e, talvez, possa-se dizer: árdua. Descobri que esse processo envolve muito mais que ganhar e investir dinheiro. Sou defensora confessa de que finanças vão além de números. Quando tratamos de pessoas que querem enriquecer, os números são meros detalhes.

No auge dos meus 19 anos, eu tive um encontro que mudaria definitivamente o rumo da minha vida, em todos os sentidos. Até aquele momento tudo que eu sabia sobre dinheiro era que você trabalha por um salário e com esse salário você paga as contas. Qualquer coisa além disso seria sorte. Isso mesmo, eu acreditava que, pra ser rico, você precisava ter sorte.

Sorte de traçar um plano mirabolante para fisgar um dos riquinhos da cidade e poder assim usufruir do conforto e luxo que a família desse rapaz desfrutava. Certamente algum antepassado dele teve sorte e construiu o império que eles possuem hoje!

Sorte para acertar as combinações de seis números da Mega-Sena e levar pra casa os milhares de reais que o prêmio lhe oferece. Mesmo sendo milhões, com todos os planos que eu e minha família fazíamos, para caso a sorte um dia sorrisse pra nós e esse prêmio viesse de fato parar em nossas mãos, me parecia que não resolveria nossa vida. Ele não duraria pra sempre. E isso dava medo. Já pensou ser muito rica e de repente não ter mais nada daquilo?

Sorte caso a vida tivesse lhe presenteado e você fosse irmã daquele riquinho, que nesse caso não precisaria tentar casar com ele (rs.).

Eu tinha medo da riqueza. Isso era fato. Eu sabia dessas três opções até meus 19 anos. Já tinha queimado a largada, não tinha família rica nem chances de receber uma herança nas últimas 10 gerações. Joguei algumas vezes na loteria, mas até em bingo sempre fui uma negação. Lembro de ter ganhado numa raspadinha quando criança uma antena parabólica; minha mãe comprou e eu raspei, então a sorte foi minha, certo? Isso me permitiu crescer tendo acesso a três canais na TV, além da Globo. Naquela época cheguei a pensar: eu nasci com sorte!

Mas não foi bem assim com o decorrer dos anos. Não lembro de mais conquistas significativas durante a vida baseadas em sorte. E assim aconteceu com a loteria: eu sonhava com aqueles prêmios, mas morria de medo de ser a ganhadora que depois aparece na TV como ex-milionária. Imaginava a chamada assim:

> *"Estamos aqui com os ganhadores da loteria, que depois de alguns anos do prêmio vão mostrar como está a vida. Maiara foi ganhadora, há quatro anos, de 4 milhões de reais e hoje não tem mais nada. Então, Maiara, o que você fez com o dinheiro?*
>
> *– Ah, sabe como é, né? Tínhamos muitos objetivos e uma família inteira para ajudar. Precisamos comprar casa para morar, porque vivíamos de aluguel, também compramos uma casa para meus avós maternos, e para minha avó paterna; e ainda para meus três tios maternos, e não seria justo se não comprássemos para o tio paterno. O que a família ia pensar se não ajudássemos nossos primos, e as cinco tias mais próximas? Na nossa vizinhança também tínhamos que ajudar, senão o que iam pensar? Aí compramos carro também, para nós e para os mais próximos. Vivemos sem privações durante esses quatro anos, porque nós merecíamos etc."*

Encontre os erros nessa suposta declaração! Eu não me imaginava namorando algum riquinho da cidade. Ficava pensando: Como vou me portar nas festas da família? Não vou ter o que conversar, porque os assuntos serão a viagem para a Disney, o restaurante chique na cidade vizinha, as roupas de marca, que até hoje não entendo... Vou saber falar só sobre o passeio de bicicleta no fim de semana, o joguinho de estratégia no computador que comprei em parceria com um colega de escola, sobre o Domingo Legal, novelas e sobre alguns poemas que gostava de escrever. Na minha cabeça, eu não me encaixaria "naquele mundo". Tinha medo da riqueza. Portanto, eu nem tentava.

Meus pais foram pais muito cedo. Minha mãe tinha 19 e meu pai, 21. Não tinham suas carreiras formadas e já havia a responsabilidade de um bebê: eu. Minha mãe era estudante e meu pai soldado do exército tentando carreira. As coisas foram acontecendo, sendo conquistadas, mas nunca tiveram educação financeira. Durante 17 anos de casamento, o processo financeiro era o mesmo: trabalhar, receber o salário, brigar por dinheiro, pagar contas, comprar algumas coisinhas, faltar dinheiro e começar tudo outra vez.

Tudo isso era o que eu entendia e sabia sobre riqueza, baseado nas referências que tinha vivenciado até ali. Como se ricos pertencessem a algum tipo de espécie diferenciada e eu de fato estivesse fora da jogada.

Cresci seguindo quase o mesmo processo dos meus pais: comecei a trabalhar por dinheiro, gostava de guardar algumas notinhas que, com velocidade recorde, conseguia gastar; comprava em suaves parcelas a perder de vista com carnêzinhos nas lojas da cidade; comprava bem, diga-se de passagem. Recebia o salário e ele lá se ia todo pagando as parcelas de coisas que eu já nem lembrava o que era.

Mas em 2006 eis que surge no meu caminho uma outra referência sobre riqueza, uma totalmente nova, ousada e incrivelmente fascinante: um livro. O meu primeiro contato com educação financeira. E eu fiquei simplesmente encantada. E foi ele que me mostrou uma outra realidade, acrescentou à minha lista mais uma opção, uma opção que eu desconhecia: **você pode construir sua própria riqueza**.

Uau! Por essa eu não esperava. E agora, como faço? Devorei o livro em uma semana.

E na semana seguinte eu já estava aplicando tudo que era possível à minha realidade naquele momento. Foi muito rápido mesmo. Era como se todo tempo eu estivesse esperando por essa opção e quando ela chegou eu a queria pra mim. Naquele momento, eu tinha tomado uma decisão, quero ser RICA. O tal incrível livro é o *Mulher Rica*, da Kim Kiyosaky, e muito baseado na realidade dos Estados Unidos, o que não me permitia seguir à risca seu plano de riqueza. Porém, eu queria fazer disso minha realidade e fui em busca do que conseguiria fazer naquele momento, na realidade do meu amado Brasil.

Teria sido mais fácil fechar aquele livro, achar tudo muito lindo, mas me convencer que só funcionaria no país onde ela vivia e que no Brasil isso era impossível. Talvez tenha sido a decisão de muita gente ao ler esse mesmo livro. Mas, desde então, eu resolvi procurar as soluções e isso pra mim era diferente. Gosto de ser diferente. Por que justificar e só ver os problemas? Isso a maioria faz. E eu já tinha feito isso tempo demais.

Eu vendi tudo que não usava mais e até mesmo o que eu usava um pouco. Vendi vestidos de festa e até meu computador velho, porém, o único que eu tinha. Mas eu queria deixar de ser uma consumista e me tornar uma mulher rica. Paguei praticamente todas as minhas parcelas, comecei a juntar todo meu salário e a investir em fundos de investimentos com sugestão de algumas pessoas mais informadinhas lá da cidade. Agradeço a Deus por ter colocado essas pessoas no meu caminho, porque de fato foram investimentos legais.

Do fim de 2006, quando li o livro, até fevereiro de 2008, eu saí de consumista do interior do Rio Grande do Sul com um salário de R$ 450 a investidora com um patrimônio de R$ 5.000, um salário de R$ 900 e moradora da cidade grande, São Paulo capital.

O poder estava em minhas mãos. Aquele livro plantou uma sementinha na minha vida que eu tratei de fazer florescer. O que eu fiz naquele momento era o que eu queria e deveria ter repetido na minha vida nos anos seguintes, eu estava no caminho certo do enriquecimento. Porém, a vida não é uma linha reta. Ela é desafiadora e sempre vai te jogar de um lado para o outro e você precisa fazer o melhor que pode.

Desde que li esse livro, eu me apaixonei por finanças, e entendi que precisava compartilhar com o máximo de pessoas tudo que eu tinha aprendido e mostrar para quem era como eu, com apenas três opções, que existia mais uma, a libertadora.

Que podíamos sonhar e acreditar numa vida melhor. Que podíamos fazer diferente do que todos à nossa volta estavam fazendo. Que não devemos ser vítimas das circunstâncias e que, sim, para nós a jornada financeira será mais desafiadora do que se ganhássemos dos pais um carro de formatura ou uma casa no casamento. Mas se comparar é outro aprendizado que tive nesse processo todo: não ajuda no enriquecimento.

Aprendi que riqueza é relativa. Que é possível pra todo mundo, que pode ser leve e libertadora.

Tudo isso e muito mais serão divididos com você nas próximas páginas. Tenho tanto pra compartilhar... Este livro está aqui para eu te contar tudo que aprendi com meus erros e acertos, com meu trabalho e meus estudos ao longo desses 12 anos e minha própria jornada de enriquecimento. Retomei o caminho do enriquecimento acelerado, depois de diversos deslizes, que durante o livro você saberá um pouco mais.

Aqui é vida real, portanto, pode acreditar no que verá a seguir. Não são promessas de enriquecimento fácil nem impossíveis de se realizar. É trabalho duro, tesão pelo que faço e o desejo ardente de conquistar a liberdade financeira. Preparado(a) para ver sua vida financeira de uma maneira que nunca viu? Simples, verdadeira e enriquecedora?

Bora *enricar*, minha gente!

1 Quem você é

Eis aqui uma questão que deixa qualquer um confuso e até mesmo pressionado...

Quem sou eu? Eu deveria saber, não é mesmo? Isso seria algo possível de se definir? Aiii, já fiquei nervoso!

A Mai já começa o livro complicando. Cadê a simplicidade?

Calma, Riqueza, vamos juntos percorrer um caminho inicialmente desconhecido, mas estou aqui para te dar a mão e ser sua guia, portanto, se o nosso primeiro tópico já te assustou, quero pedir que confie em mim e viverá uma jornada incrivelmente rica de autodescoberta e tudo realmente será mais simples do que parece.

Precisamos começar por aqui. Esse é o nosso ponto de partida. Combinado? Afinal, você é o centro deste livro. O objetivo todo é trabalharmos com os elementos que já tem aí, na sua vida, e fazer a riqueza acontecer.

Podemos fazer um trato?

Opa, que bom, sabia que ia topar. É o seguinte: A vida do coleguinha não tem que servir de referência, no máximo, como inspiração. Tá certo? Durante esta leitura, vamos nos focar na sua linda história e trabalhar para lapidá-la. Vamos fazer isso juntos, porque eu sei que não é algo muito fácil, especialmente no começo. Combinado?

Ahh, tô tão orgulhosa, você tá muito determinado(a)!

Ah, outra coisa importante, quando tratarmos das suas questões pessoais, nunca existirá certo ou errado, então comece livrando-se das cobranças, exigências e preconceitos em relação a você e sua vida. Quanto mais à vontade estiver, mais divertido será, eu garanto. E mais do que nunca seja honesto em suas respostas, estamos só nós dois aqui e eu prometo guardar segredo.

Meu desejo é que este não seja só mais um livro na sua vida, quero que ele seja um marco importante na sua jornada de enriquecimento!

Uma visita à infância

Identificar nossos valores, o que gostamos de fazer, no que somos bons, por exemplo, na vida adulta é um verdadeiro desafio. Estamos com a cabeça tão cheia, sempre na correria do dia a dia, contas pra pagar, chefe pressionando por causa dos prazos, casa para organizar, família para atender etc. Com tudo isso, muita gente não tem mais tempo pra olhar pra si mesma. Aí, quando precisam responder sobre suas necessidades e interesses é um silêncio ou respostas do tipo: "Eu não sei o que quero fazer", "Não sei o que gosto de fazer", "Não tenho ideia de quais são meus objetivos".

Você já parou pra pensar para onde foi que aquele garotinho, aquela menininha tão cheia de sonhos, tão cheia de vida, destemida e empolgada com a vida? Se perdeu? Eu queria ser aeromoça, professora, atriz, famosa. Brincava de empreendedora, de dona de loja, e nas horas vagas ainda corria pelas ruas cheia de energia. Gostava de brincar de casinha, de jogar bola descalça, colecionava papel de cartas e álbum de figurinhas.

Para onde foram todos aqueles sonhos e vontades?

Quando começamos a jornada de autoconhecimento financeiro, a melhor coisa a fazer é revisitarmos nossa infância, porque foi lá que deixamos muitos dos nossos mais sinceros sonhos e desejos. Muito do que você pensa ser e quer hoje está contaminado com as interferências da sociedade. Vou explicar melhor.

Imagine que todo ser humano é uma caixinha vazia quando nasce. Que no momento exato do seu nascimento ele está pleno, totalmente pertencente. E veio para um mundo para ser testado e com esses testes se desenvolver. Nasceu na família certa, com pais, irmãos, avós, tudo como deveria ser. Isso já vem predeterminado, ok?! Até mesmo se nasceu em uma família, mas foi criado em outra. A vida vai se encarregar de te colocar no lugar certo. Faz parte das regras do jogo e ninguém até hoje conseguiu burlar. Então desista de ser revoltado, isso não é injustiça. Se você não é irmão/irmã do riquinho, é porque você veio para conquistar sua própria riqueza. Toca aqui, colega, estamos juntos. Então enxuga suas lágrimas, porque temos muito trabalho pela frente. E deixar a bunda gorda acomodada no sofá deslizando a tela do celular, acreditando na sorte dos coleguinhas, não faz parte das estratégias deste livro. Assim, essa família em que você nasceu foi escolhida para te colocar nas diversas situações que precisa viver para te preparar para o mundo. E é aí que cada caixinha começa a ser preenchida, através de exemplos, de referências, de situações e experiências.

Cada experiência que vamos vivendo é mais uma carga para nossa caixinha. E quando somos crianças, não temos a capacidade de discernir grande parte desse conteúdo que entra na nossa caixinha. Nesse momento, entendemos que nossos pais ou responsáveis são as maiores autoridades na nossa vida, assim como muitas vezes avós e professores, familiares mais próximos, vizinhos etc.

Não temos a maturidade para fazermos uma criteriosa avaliação de tudo que ouvimos, vivenciamos, e decidir se registramos e de que maneira registramos, a ponto de entender que todas essas pessoas, que de alguma forma nos influenciaram, também enfrentavam seus medos, suas aflições, dúvidas... Em nenhum momento são os donos da razão. Não mesmo.

O que quero dizer é que na infância e na adolescência tudo que vai para nossa caixinha entra sem filtro. E vão fazendo morada. Todos esses registros vão moldando nossa personalidade, definindo a maneira de enxergar a vida, de ver os outros, os homens, as mulheres, os idosos etc.

Quem você ESTÁ hoje é resultado de tudo que você carrega na sua caixinha e o que decidiu fazer com isso.

Mas, Mai, a caixinha para de ser preenchida depois de adulto?

Ah, muito boa pergunta, Riqueza. Não para não... nunca para, porque isso se chama VIDA. A diferença é que, depois de adultos, criamos nossas cascas, nossas proteções. Baseado em tudo que temos na nossa caixa, por questão de sobrevivência, entendemos que determinadas coisas precisam ser filtradas e esses filtros criados são baseados nas experiências que vivemos e que está na caixa. Nesse momento, já não é tudo que entra e agora muito conteúdo já entra distorcido, com base nos julgamentos que aprendemos a fazer no decorrer de toda nossa jornada.

Por isso é muito comum hoje, como adultos, já não termos mais aquele frescor jovial e vivermos com medo do julgamento, medo de não agradar, medo de errar, medo de não pertencer... é tanto medo, mas é tanto medo, que a gente começa a olhar pra fora e tentar buscar modelos que aparentemente estão dando certo, para seguirmos; afinal, a vida é tão dura, que, se pudermos pular algumas frustrações, seria tudo tão melhor.

Tá parecendo que quero dizer que a vida de adulto não é pra dar certo? Sim. Quase isso. Quero dizer que tudo nos leva para uma vida que não vai dar certo. Afinal, viver seguindo regras com as quais não concorda, tentando agradar pessoas que você muitas vezes mal conhece, não tendo cabeça nem coragem de seguir seus sonhos e lutar pelos seus ideais, por sempre escutar o medo, fugir da frustração... chegaremos ao fim da vida sem termos vivido a nossa, e sim a de qualquer outra pessoa. Tentamos ser amados e em tudo que fazemos buscamos atenção. E se não olharmos com carinho para nossa caixa, nossas carências emocionais irão nos levar a um caminho descompensado de prostituição emocional.

Estamos aqui para traçar sua jornada de enriquecimento, por isso precisamos considerar todo cenário no qual você está inserido. Portanto, é das suas habilidades e dificuldades que vamos tratar. Oba! Simples assim! Já pensou se tivéssemos que nos preocupar com a vida dos outros durante toda esta leitura? Ai, até cansei só de pensar. E-XAUS-TI-VO!

Sou o tipo de pessoa que acredita que a vida não é um parque de diversão. Que devemos nos envolver em todas as situações, independentemente de serem boas ou ruins, porque cada uma delas é um pedaço da nossa vida. Então, só buscar viver os momentos bons e se sentir o pior ser humano nos momentos de dificuldade é passar a maior parte da nossa vida nos sentindo um bosta.

Quando passamos a entender que a maior parte da vida das pessoas (isso inclui você) é baseada em aprender, errar, ficar triste, tentar de novo, ficar frustrado, recomeçar, conseguir, ficar feliz e triste de novo, a gente diminui significativamente parte de um sofrimento desnecessário. Porque no mundo de hoje temos a mania de acreditar no que as fotos, os *posts* lindos, os vídeos mostram... que existe uma vida muito melhor e não é você quem está vivendo.

Acredite, aquela pessoa da foto, do vídeo... tem tantos problemas e às vezes até mais que você. Ok, ok, eu sei que isso é muito papinho de autoajuda, mas a questão é que é verdade. Hehehe. Porque quando olhamos para o outro como seres humanos, iguais a nós, percebemos que não há como alguém não sentir todas essas emoções e não enfrentar os desafios da vida. Estamos no mesmo barco, só que em cabines diferentes. Eles aparecem pra todos do barco.

Quantas vezes você já olhou para algum colega de aula, do trabalho... na sua cabeça essa pessoa tinha a vida que você gostaria de ter ou pelo menos parecia que não tinha por que reclamar. Tinha um cargo cobiçado, era o melhor aluno da classe, tinha um relacionamento amoroso invejável, uma aparência física que no seu ponto de vista era ideal, uma vida social equilibrada etc. E aí, por acaso do destino, você teve a oportunidade de testemunhar essa pessoa abrindo seu coração sobre os problemas e aflições que ela tinha. Você, surpreso, naquele momento percebeu que não importa quão perfeita pareça a vida do outro, todos temos nossas dificuldades. Diferentes, porque estamos em cenários diferentes, cenários esses que nós mesmos vamos construindo ao longo da vida, baseados especialmente nos registros da nossa caixinha.

Por isso, esse é o momento de você não só olhar para si agora, e sim para si no passado, na infância e na adolescência. Com carinho, de maneira acolhedora... entendendo que ninguém é culpado, são só coisas da vida. Que você não foi vítima, estava onde e com quem deveria estar. Que toda experiência é válida e tudo na vida tem um lado bom e um lado ruim. Você escolhe onde quer focar. E não seria diferente com a questão financeira. Tudo que você ouviu, viu e experimentou, criou os registros aí na caixinha. De pessoas que nem sempre sabiam o que estavam fazendo com seu dinheiro, com sua vida financeira.

Hoje, com mais experiência de vida e mais, digamos, preparado, você tem condições de abrir essa caixinha e fazer uma faxina. Pegar cada um desses registros, olhar de pertinho e ponderar:

Isso está sendo válido na minha vida?
É um bom registro pra permanecer aqui ou precisa ser substituído?
Eu concordo com isso? Está alinhado com meus valores?

Por exemplo, vamos supor que na sua caixinha existe uma crença mais ou menos assim:

"Eu não mereço ter dinheiro. Não sou bom/boa o suficiente para isso." Essa "simples" crença pode influenciar diretamente a forma como você encara sua vida financeira. De maneira inconsciente, suas atitudes estão todas baseadas em crenças como essas. Não importa o momento ou a situação, toda vez que se deparar com uma decisão nessa área, esses registros serão acessados e te influenciarão na escolha.

Enquanto você não acessar sua caixinha com intuito de reprogramar suas crenças, você sempre colherá os mesmos resultados. Mesmo que acredite estar trilhando caminhos diferentes, de fato pode ser verdade, mas os resultados serão os mesmos.

Um exemplo clássico disso é em relacionamento amoroso. Sabe aquela amiga que só se envolve com caras que não levam a vida a sério? E sempre lamenta a sua vida amorosa com você, dizendo que não aguenta mais viver assim. E aí você pensa, ué, então muda isso, é só escolher melhor os caras com os quais vai se relacionar. O que está acontecendo com sua amiga é que ela está avaliando os caras com quem se relaciona baseada em alguma (ou algumas) crença que ela carrega em sua caixinha. Enquanto ela não reprogramar, dificilmente atrairá homens diferentes.

Agora, usando o exemplo da crença que citei há pouco. "Eu não mereço ter dinheiro. Não sou bom/boa o suficiente para isso." Quem carrega uma crença dessas lida com dinheiro sem mérito, não ganha muito dinheiro, ou quando ganha dá um jeito (de novo, inconscientemente) de se desfazer dele, através do consumismo, através de presentes pra amigos e familiares, ou pelos imprevistos da vida, como o carro que quebra de repente, uma dor de dente inesperada que o leva ao dentista... Afinal, se não mereço dinheiro, não faz sentido tê-lo, não é mesmo?

Se identificou com alguma coisa?

Nas próximas páginas quero que você se permita mergulhar nessa viagem no túnel do tempo, se reconectar com sua essência, com você criança, com você adolescente. Se conseguir adicionar elementos auditivos, olfativos, visuais a esse processo, será tribacana. Ouvir músicas que você ouvia quando criança, que seus pais escutavam, sentir cheiros da sua infância... cheiro de bolo da vó, café da manhã de domingo... todos esses elementos servem como um atalho até o passado e é incrível como acessam diretamente nossas lembranças.

Procure separar um tempo exclusivamente para fazer as atividades propostas no livro. Quanto mais se envolver com elas, mais eficientes serão. Utilize este livro como guia da sua jornada de enriquecimento. Faça seus registros e volte neles sempre que achar necessário. Serão úteis em muitos momentos. Vamos começar fazendo um levantamento geral para identificar quais os registros mais fortes da sua caixinha.

Dê uma nota de 1 a 10 em relação a cada uma das seguintes afirmações, sendo 1 = discordo 100% e 10 = concordo 100%.

- [ ] 1. Dinheiro é a raiz de todo mal.
- [ ] 2. É mais dignificante ser pobre do que ser rico.
- [ ] 3. A maioria dos ricos provavelmente fez algo ruim ou desonesto para obter seu dinheiro.
- [ ] 4. Ter muito dinheiro me fará sentir menos puro ou espiritual.
- [ ] 5. Ficar rico exige muito trabalho e muita luta.
- [ ] 6. Ter muito dinheiro é uma grande responsabilidade.
- [ ] 7. Não me sinto "bom" o suficiente para ficar rico.
- [ ] 8. Sendo realista, não há de chances de eu me tornar rico.
- [ ] 9. Ficar rico é uma questão de sorte ou de destino.
- [ ] 10. Ficar rico não é para pessoas como eu.
- [ ] 11. O esforço para ficar rico não me dará tempo livre para mais nada na vida.
- [ ] 12. Para ser rico, você terá que usar as pessoas e tirar vantagem delas.
- [ ] 13. Se eu ficar rico, todos vão querer algo de mim.
- [ ] 14. Se eu ficar rico, certas pessoas não vão gostar ou não vão gostar de mim.
- [ ] 15. Se eu tenho muito dinheiro, significa que alguém tem de menos.
- [ ] 16. Ter dinheiro em excesso significa que você é ganancioso.
- [ ] 17. Não sou boa em matéria de dinheiro e finanças.
- [ ] 18. Se eu tiver muito dinheiro, poderei perdê-lo.
- [ ] 19. Se eu realmente lutar para ser rico e não tiver sucesso, vou me sentir fracassado.
- [ ] 20. Tenho potencial para enriquecer. Só preciso de um tempo.
- [ ] 21. Agora não é o momento certo para "ir atrás" de riqueza financeira.

- ☐ **22.** Realmente, não quero ser rico.
- ☐ **23.** Dinheiro, realmente, não é tão importante.
- ☐ **24.** Não dá para lutar para ser rico e ser feliz e realizado ao mesmo tempo.
- ☐ **25.** Dinheiro causa muitos problemas.
- ☐ **26.** Não é certo ganhar mais dinheiro do que meus pais.
- ☐ **27.** Você não pode ficar rico fazendo exatamente o que você ama.
- ☐ **28.** Tentar ganhar dinheiro é luta e inquietação.
- ☐ **29.** É preciso dinheiro para fazer dinheiro.
- ☐ **30.** As pessoas deveriam ter somente o dinheiro suficiente para ter uma vida confortável.
- ☐ **31.** Lutar por riqueza pode causar stress e problemas de saúde.
- ☐ **32.** É difícil ficar rico hoje em dia.
- ☐ **33.** Muitas das boas oportunidades já passaram.
- ☐ **34.** Dado meu passado, seria difícil ficar rico.
- ☐ **35.** Não sou tão esperto ou inteligente para ficar rico.
- ☐ **36.** Não tenho muito bom estudo para ficar rico.
- ☐ **37.** Sou muito jovem para enriquecer.
- ☐ **38.** Estou muito velho para ficar rico.
- ☐ **39.** Sendo mulher, é muito mais difícil ficar rica.
- ☐ **40.** Não gosto de vender ou de promover nada.
- ☐ **41.** Gostaria de não ter que lidar com o dinheiro.
- ☐ **42.** Não gosto de administrar dinheiro.
- ☐ **43.** Não tenho tempo para cuidar de dinheiro.
- ☐ **44.** Não preciso cuidar do meu dinheiro, pois não tenho quase nada.
- ☐ **45.** O dinheiro corrompe o empenho artístico e criativo.
- ☐ **46.** Não é justo eu ser rico, enquanto outros não têm nada.

- [ ] **47.** Segurança financeira vem de um bom emprego e de um salário fixo.
- [ ] **48.** Se você não nasceu rico, provavelmente você nunca será rico.
- [ ] **49.** Pessoas ricas não são felizes.
- [ ] **50.** Se o sucesso vier facilmente, ele não valerá a pena.
- [ ] **51.** Sou muito ocupado para dedicar muito tempo e energia aos estudos.
- [ ] **52.** Se eu ficar rico, ótimo; se eu não ficar, tudo bem também.
- [ ] **53.** Não gosto de assumir responsabilidades.
- [ ] **54.** Não sou um líder forte.
- [ ] **55.** Tenho certo preconceito com as pessoas extremamente ricas.
- [ ] **56.** Sou um bom doador, mas não um bom recebedor.
- [ ] **57.** As opiniões das outras pessoas sobre mim são importantes.
- [ ] **58.** É melhor ser pago pelo "tempo" do que exclusivamente pela minha performance.
- [ ] **59.** Já estou bem. Não preciso me esforçar mais.
- [ ] **60.** Se você for rico em amor, saúde e felicidade você não precisa de dinheiro.
- [ ] **61.** Posso fazer sozinho. Não preciso da ajuda de outros.
- [ ] **62.** Se eu pedir ajuda, as pessoas vão achar que sou fraco.
- [ ] **63.** A única razão para se trabalhar é para ganhar dinheiro.
- [ ] **64.** Não adianta ganhar muito dinheiro, porque terei que pagar muito mais impostos.
- [ ] **65.** Assim que eu tiver bastante dinheiro, vou finalmente estar seguro.
- [ ] **66.** Vou me provar ficando rico.
- [ ] **67.** Ficar rico não é uma habilidade que se aprende.
- [ ] **68.** Não fui "feito" para ser rico.

- [ ] **69.** Deus me fará rico, pobre ou classe média.
- [ ] **70.** O mundo dos investimentos é complicado e difícil de entender.
- [ ] **71.** Investimentos são para pessoa que têm muito dinheiro.
- [ ] **72.** Sem ser aqueles do banco, quase todos os investimentos são muito arriscados.

TOTAL

Some as notas das 72 afirmações para obter o seu total. A sua soma ficou mais próxima do limite inferior (72) ou do limite superior (720)? Quais são as suas conclusões a respeito? Reflita... Se tiver dúvidas em como interpretar o resultado, entre em contato comigo nas redes sociais!

Agora responda cada questão a seguir.

Quais eram seus sonhos de criança?

Ex.: Eu sonhava em ser atriz de novela.

Quais eram suas brincadeiras favoritas?

Ex.: Eu adorava brincar de banco usando as notas de dinheiro antigas.

Quais as atividades que mais gostava de fazer e por quê?

Ex.: Eu amava fazer hipismo. Eu me sentia ousada e corajosa.

Quais são suas lembranças de infância sobre dinheiro? O que seus pais/responsáveis falavam sobre isso? Que situações te marcaram envolvendo o assunto?

Pense em: alguma situação que tenha presenciado; alguma situação que tenha vivido; frases que ouvia...

Ex.: Frequentemente eu via meus pais brigando por causa de dinheiro.

De tudo que você escreveu, selecione o que te causou medo, constrangimento, insegurança, raiva, impotência, tristeza. Liste cada situação, especificando ao lado o que cada uma te causou.

Meus registros

Situação:	Sensação:
Ex.: Frequentemente eu via meus pais brigando por causa de dinheiro.	*Ex.: Raiva*

Situação:	Sensação:

Anotações:

Desafio do clique

Mostre que você está mesmo decidido a cumprir todas as etapas dessa jornada. Eu te desafio a postar uma foto nas redes sociais compartilhando um dos seus sonhos de criança, aquele que até faz seu coração bater mais forte só de lembrar da sensação que tinha ao sonhar em ser ou ter tal coisa. Use #meuSonhoDeInfancia e, é claro, não esqueça de me marcar @aricasimplicidade, porque quero muito acompanhar.

Veja mais em vídeo

Acesse o canal https://www.youtube.com/MaiaraXavier e assista a alguns vídeos que separei especialmente sobre este tópico. Você vai gostar!

 Eliminando crenças limitantes sobre o dinheiro e definindo sonhos
https://youtu.be/S1k4TdAR9VQ

O que te move

O que te faz fazer o que faz todos os dias?

Ai, ai... tá pegando pesado, Mai!

Mas assim que é bom. Você escolheu este livro porque quer traçar e turbinar sua jornada de enriquecimento de uma forma simplificada, mas em nenhum momento eu disse que seria fácil. Desculpa aí, mas no processo de enriquecimento, não tem espaço para quem faz corpo mole ou quer vida fácil. E neste momento, perdemos muitos soldados!

Você chegou até aqui, não escolha ir pelo caminho mais fácil, escolha fazer o que precisa ser feito. E é pra isso que estou aqui. Pra simplificar o caminho e te ajudar a chegar mais rápido, já que vou te mostrar alguns atalhos. A Mai vem quebrando a cabeça tempo suficiente para te mostrar alguns caminhos menos tortuosos.

Então, Riqueza, bora trabalhar nisso. Não seja corpo mole, guerreiro. É importante ter clareza e vamos fazer isso juntos. Comecemos por entender o que é motivo. De acordo com o *site* psicoativo.com, motivo é uma necessidade ou desejo que provoca o início e dá direção a um comportamento visando a um objetivo.

Quero te mostrar e conversar sobre uma teoria que eu particularmente acredito que nos ajuda a encaixar algumas pecinhas e vai nos ajudar aqui neste tópico tão importante. E é a pirâmide das necessidades básicas de Maslow. De acordo com ela, nós, seres humanos, para alcançarmos realização plena, precisamos suprir cinco categorias de necessidades, sequencialmente.

Necessidades fisiológicas (básicas), como a fome, a sede, o sono, o sexo, a excreção, o abrigo.

Necessidades de segurança, que vão da simples necessidade de sentir-se seguro dentro de uma casa a formas mais elaboradas de segurança, como um emprego estável, um plano de saúde ou um seguro de vida.

Necessidades de pertencimento e amor, como afeto, afeição e sentimentos tais como os de pertencer a um grupo ou fazer parte de um clube.

Necessidades de estima, que passam por duas vertentes, o reconhecimento das nossas capacidades pessoais e o reconhecimento dos outros diante da nossa capacidade de adequação às funções que desempenhamos.

Necessidades de autorrealização, em que o indivíduo procura tornar-se aquilo que ele pode ser: "O que os humanos podem ser, eles devem ser: Eles devem ser verdadeiros com a sua própria natureza".

É no último patamar da pirâmide que Maslow considera que a pessoa tem que ser coerente com aquilo que é na realidade "... temos de ser tudo o que somos capazes de ser e desenvolver os nossos potenciais".

Cada uma dessas necessidades são gatilhos de motivação que, na prática, não cumprem a ordem proposta na pirâmide. Desculpa, Maslow! Mas a teoria defende que não dá pra subir na pirâmide se a necessidade anterior não for plenamente atendida. Eu gosto dessa pirâmide e a uso como uma orientação. Pra mim é coerente, porém a vida mostra que isso não é uma regra. Em se tratando de pessoas, cada caso é um caso, por isso é possível encontrar pessoas que se autorrealizaram mas que não preencheram exatamente todos esses passos, ou que alguma etapa da pirâmide não está completa.

Como descobrir o que te move

Responda em voz baixa: O que você faz quando ninguém está te vendo? Já parou para reparar em você quando está completamente sozinho, quando sabe que ninguém pode te ver? Você na versão mais real. Sem se preocupar com a opinião dos outros, sem ter que se comportar, falar e vestir-se de determinada maneira. Como você seria na maior parte do tempo, se a opinião dos outros e as regras propostas não existissem? Se você pudesse ser a mesma pessoa que é no seu quarto sozinho? Vou te ajudar...

Imagine o seguinte: Você é uma pessoa invisível (todo mundo já teve esse desejo em algum momento da vida; eu ainda tenho!) e pode fazer o que quiser. Agora, responda às perguntas a seguir. Anote a primeira coisa que vier em sua mente. Não procure a melhor resposta. A que importa é a que apareceu na sua mente assim que terminou de ler a pergunta. Estamos só nós dois, lembra? Precisamos da sua mais profunda realidade e sinceridade.

Qual a primeira coisa no mundo que você faria?

Qual a primeira pessoa em quem você daria um beijo?

Qual a primeira pessoa que você pentelharia?

Qual o primeiro lugar aonde você iria?

Com base na pirâmide citada anteriormente, você pode começar a organizar suas motivações, avaliando cada necessidade e como elas estão sendo atendidas na sua vida nesse momento. Mas agora quero citar algumas situações que podem te ajudar a identificar melhor o que te move.

Bom, não tem como falar desse assunto sem citar as mães e os pais. Se você é ou convive com algum deles, sabe ou já ouviu falar que depois de ter filho a motivação muda. Que após terem um filho, os pais resolvem parar e avaliar o rumo que suas vidas estava tomando, decidem mudar de carreira, cidade, país... que desde então tudo é pra o filho e pelo filho.

Indiscutivelmente, um filho é algo que move uma mãe e um pai.

Maternidade/Paternidade é algo que te move?

Pense no momento em que decidiu que carreira iria seguir. Essa é, sem dúvida, uma das primeiras grandes escolhas a serem feitas na vida adulta. A maioria das pessoas precisa escolher uma carreira para, inclusive, suprir todas as necessidades citadas na pirâmide. Pagar as contas, bancar seus desejos, ter segurança, ser admirado, reconhecido, respeitado etc. Hoje em dia é muito comum ter mais de uma carreira ao mesmo tempo ou mais de uma durante a vida, mas essa decisão vem carregada de influências, em sua grande maioria, pelo ambiente em que nos encontramos. Então, a opinião dos pais e familiares, a necessidade financeira, o acesso à educação de nível superior... tudo influencia na motivação.

Por que queremos voltar a esse momento? Porque ele diz muito a respeito das suas motivações. Então, diga qual foi sua motivação para escolher a carreira que escolheu. Algumas opções:

- ☆ ganhar dinheiro para pagar as contas
- ☆ sair da casa dos pais
- ☆ salvar e proteger os animais
- ☆ salvar o meio ambiente
- ☆ ajudar as pessoas
- ☆ salvar as pessoas
- ☆ ganhar muito dinheiro para realizar algum grande objetivo (comprar o primeiro carro, moto, fazer intercâmbio)
- ☆ empregar outras pessoas
- ☆ ter segurança
- ☆ ter liberdade
- ☆ dar um futuro melhor para seus filhos
- ☆ agradar seus pais
- ☆ ter status
- ☆ ser rico(a)
- ☆ provar pra si mesmo que era capaz
- ☆ provar para alguém que era capaz
- ☆ ser famoso(a)
- ☆ ter reconhecimento
- ☆ ser querido
- ☆ encaixar-se na sociedade
- ☆ outro:_____

Agora, deixe escrito nas linhas a seguir os principais motivos que te levaram a escolher a primeira carreira. Isso é importante para você entender suas motivações.

Ex.: Para ter prestígio, para agradar meus pais, para ganhar bastante dinheiro e ter reconhecimento.

_____
_____
_____
_____
_____
_____

Tipos de motivação

Existem diferentes tipos de motivação e aqui separei alguns dos quais quero falar a respeito.

Incentivo

Uma forma de motivação que envolve recompensa, monetária ou não. Muitas pessoas são movidas pela certeza de que serão recompensadas por atingir certo objetivo ou alvo.

Ex.: Promoções e aumentos são um bom exemplo do tipo de incentivo usado para motivação.

Medo

A motivação por medo envolve consequências. Esse tipo de motivação normalmente é utilizado quando o incentivo falha. Num modelo de motivação chamado de "cenoura e bastão", incentivo é a cenoura e medo é o bastão. Punição ou consequências negativas são uma forma de motivação por medo. Esse tipo de motivação é comumente usado para motivar estudantes no sistema de educação e também em ambientes profissionais. Se você quebra as regras ou não atinge os objetivos, você é penalizado de algum jeito.

Ex.: Medo de perder o emprego e não ter dinheiro para sustentar a família.

Conquista

A motivação por conquista é comumente pensada como um impulso por competência. Você se move para atingir objetivos e conquistar o que quer. Esse tipo de motivação vem da vontade de melhorar suas habilidades e provar a sua competência para si mesmo e para os outros. Entretanto, em certas circunstâncias as motivações por conquista podem envolver um desejo por reconhecimento externo. É normal que exista um desejo de *feedback* positivo dos seus colegas e amigos. Isso pode incluir qualquer coisa, desde um prêmio até um pequeno elogio.

Ex.: Um bom exemplo pra citar aqui são os atletas. Para seguirem com suas intensas agendas de treinos, a conquista é um grande motivador.

Crescimento

A necessidade por melhorar a si mesmo é realmente uma motivação interna. Um desejo ardente de aumentar o conhecimento de si mesmo e do mundo ao seu redor pode ser uma fonte forte de motivação. Todo mundo quer aprender e crescer como indivíduo.

Motivação por crescimento pode ser vista como um desejo por mudança. Muitos de nós somos condicionados pela personalidade ou criação a constantemente procurar mudanças. Isso faz com que você veja a estagnação como negativa e indesejável.

Poder

A motivação por poder pode ser tanto uma forma de desejo por autonomia quanto de controlar as pessoas ao seu redor. Você quer ter opções e controle sobre a própria vida. É uma forma de tentar dirigir a maneira como você vive agora e no futuro.

Isso também pode se traduzir em um desejo de controlar aqueles que estão ao nosso redor. O desejo por controle é mais forte em algumas pessoas que em outras. Em alguns casos, esse desejo por poder pode se traduzir em atitudes erradas. Mas, em outros, ele é apenas um desejo de afetar o comportamento de outros.

Social

A maioria das pessoas é motivada por fatores sociais. Isso talvez seja um desejo por fazer parte de algo e ser aceito por um grupo específico ou uma esfera maior no mundo. Todo mundo tem um desejo inato de se sentir conectado com os outros, além de um desejo por afiliação e aceitação. Outra forma de motivação social é a vontade de contribuir e fazer a diferença nas vidas de outras pessoas. Quem tem a motivação de contribuir para o mundo normalmente é motivado por fatores sociais.

Ex.: Trabalhos voluntários.

Bom, já deu para perceber que não dá para viver sem motivação, não é mesmo? Nossas atitudes são guiadas, o tempo todo, por ela. Um grande sinal de que precisamos sentar e rever nossos motivos é quando estamos vivendo aqueles dias em que sair da cama se torna a tarefa mais complicada da vida.

Aquele *iniciar de dia*, em que aparentemente não aconteceu nada, não está com nenhuma questão pontual a ser resolvida, não bebeu na noite anterior, não dormiu tarde, não está doente, mas sair da cama se torna desafiador. Ou quando você acorda e não consegue encontrar sentido para viver aquele dia e o enxerga apenas como mais um ou, até mesmo, menos um.

Às vezes, esse sinal vem de maneira sutil e se você não dá atenção e ele vai crescendo até que viver se torna um fardo. É normal se sentir desmotivado. O automático da vida facilmente nos faz esquecer o que nos motiva, mas não é legal passar muito tempo sofrendo para encarar as obrigações da vida. Podemos não estar vivendo a vida que gostaríamos, mas é importante nos conectarmos com nossas motivações para que possamos sair do ponto em que estamos para o que desejamos.

Então, sempre que a desmotivação vier, é hora de rever seus motivos. Permita-se tirar um tempo pra respirar e se reconectar com quem você é. E consultar todas as suas anotações deste livro vai auxiliar bastante. Ligará rapidamente seu cérebro à sua essência. Foi por isso que pedi a você para começar a escrever, responder perguntas, listar situações etc., para você lembrar de tudo e começar a reconectar-se com você mesmo.

Minha grande motivação

Lá no comecinho da minha paixão por finanças, que eu te contei no começo do livro, o que me motivou muito foi conhecer e entender a liberdade financeira. Eu achei aquilo fantástico. Me imaginar vivendo sem ter a preocupação com dinheiro. Poder fazer minhas próprias escolhas sem colocar o dinheiro como o principal motivo. E da maneira que eu comecei rapidamente aplicar as mudanças, eu realmente percebi que aquilo era algo muito importante pra mim. O livro *Mulher Rica* não era só o primeiro livro de finanças que eu estava lendo, era um livro que descrevia meus valores. O subtítulo na capa dizia: Detesto que me digam o que tenho que fazer. A cada página que eu lia, me identificava demais com o posicionamento da Kim. Mulher tem que ter seu próprio dinheiro, correr atrás dos seus objetivos e viver a vida dos seus sonhos sem depender de nada nem de ninguém. Eu queria ser aquela mulher. Eu era uma mulher que sentia a mesma coisa que ela. Foi então que eu me deparei com meu primeiro grande motivo na vida: LIBERDADE! Os anos foram passando e em vários diferentes momentos esse valor ficava em destaque. Não tenho a menor dúvida, LIBERDADE me move mais do que qualquer coisa. Meu espírito empreendedor veio muito daí. Minha vontade de fazer as coisas do meu jeito, no meu tempo... Amo me sentir livre, valorizo demais a liberdade de escolha, de ir e vir.

Como manter-se conectado ou reconectar-se com seus motivos

É sempre bom criar algumas estratégias utilizando técnicas acessíveis e simples de implementar ao nosso dia a dia para resolver essas pequenas e importantes questões. Por isso, separei uma lista com algumas das minhas ferramentas preferidas que vão te ajudar demais a manter a motivação.

Tenha um diário

O diário deve ser seu melhor amigo nesta jornada de enriquecimento. Pense que ele é o terapeuta mais barato que você pode ter. O hábito de escrever sobre seus pensamentos, emoções, ideias, objetivos, aprendizados tem grande influência na hora de se manter focado e motivado. Por isso, se ainda não tem um, comece já o seu diário. Um caderninho que fique sempre num lugar estratégico para atender o momento do dia em que você dedicará alguns minutos em escrevê-lo. Antes de dormir e logo quando começar o dia são dois momentos bem interessantes. Ou que ele possa estar sempre com você, para não perder nenhum lance dessa mente inquieta.

Caderno da gratidão

Temos a tendência de dar muito mais importância às coisas ruins e situações difíceis que acontecem em nossas vidas do que olhar para tudo de maravilhoso que já conquistamos. O desejo de querer sempre mais e o melhor não deve te impedir de se sentir satisfeito com o que já tem. Ser grato pelo que já possui e viveu gera uma energia poderosa para alavancar nossas realizações. Uma ferramenta simples e incrivelmente poderosa para nos ajudar a exercitar a gratidão é o caderno. Ele pode andar juntinho com seu diário e diariamente você lista pelo menos cinco coisas pelas quais é grato. E isso é mais fácil do que você imagina. O olhar deve se voltar a cada detalhe da nossa vida. Não precisamos esperar grandes realizações todos os dias para então sermos gratos. É nas pequenas coisas da vida que estão nossos maiores tesouros. Valorize isso e com certeza será bem mais fácil se manter motivado.

Pasta de inspiração no Pinterest

Nosso cérebro não sabe discernir o que é real do que não é, nós é que vivemos enviando mensagens pra ele, orientando-o. Estímulos visuais são muito poderosos. Crie uma pasta com todas as fotos que te motivam, que te conectam com seus objetivos e visualize-as com frequência. Olhe suas imagens e se imagine vivendo aquilo que tanto deseja. Imagine-se acordando num domingo de manhã na casa dos seus sonhos... que cheiro aquela manhã terá? Sinta os cheiros, caminhe entre os cômodos da casa, observe os detalhes. O quadro na parede, o tapete no corredor de entrada. Qual o sabor daquela manhã? Sabor de bolo de fubá! Deguste esse bolo. Aproveite esse momento e envie sinais para seu cérebro, de como é viver o seu objetivo. Faça esse processo com todos os seus objetivos. Como você irá se sentir vivendo cada um dos seus objetivos? A viagem que deseja, a posição na carreira que ambiciona, a família que quer construir etc. Torne o mais real possível todos esses grandes objetivos que carrega aí consigo através das imagens da sua pasta.

Eu idealizo minha casa dos sonhos e sempre que paro para fazer esse processo de visualização é uma emoção incrível. Eu sei como cada cômodo será, quais os cheiros... a sensação de me sentir nela é indescritível. Minha casa dos sonhos é um objetivo a longo prazo, diria pra daqui a pelo menos 10 anos. Mesmo assim, faço esse processo há um tempo e me motiva demais.

Trabalho voluntário (doação)

Outro canal poderoso para manter e aumentar sua motivação é doar partezinha da sua vida para ajudar alguma causa. Seja doação de tempo, de objetos ou dinheiro. Desde que seja uma causa na qual você realmente acredita. Que te toque. Em que ou quem você sente vontade de ajudar? Crianças, idosos, meio ambiente, animais... Acompanhe esse trabalho, pelo menos uma vez por mês, de perto. Sinta a capacidade de ajudar que você possui, perceba o quanto você tem uma vida privilegiada diante de tantos problemas e precariedade da humanidade.

Minha causa de longe é a de ajudar os cachorros abandonados. Amo animais em geral, mas acabo focando em cachorrinhos. Sou louca por eles. Sinto também obrigação em cuidar do nosso planeta. Estou sempre tomando cuidado e analisando minhas escolhas e atitudes em relação ao impacto que elas têm no meio ambiente. Mas nada mexe mais comigo do que um ser humano estar numa situação precária de saúde. Saúde é uma das nossas maiores riquezas e temos que valorizá-la como tal. Só quem já teve ou passa por um momento muito difícil pela falta de saúde sabe o valor verdadeiro que isso tem. Temos um péssimo costume de achar que temos todo tempo do mundo e assim descuidar da saúde e desperdiçar minutos valiosos. Pergunte a uma pessoa no leito da morte se ela tivesse direito a um desejo, o que que ela desejaria. Use essas palavras como mantra pra sua vida. Não sabemos quando será nosso último dia aqui nessa jornada, mas temos uma certeza, ele existe! Vamos viver com todas nossas forças. Valorizar o que temos de melhor e levar um pouco de alegria para pessoas que estão no hospital é na verdade sair de lá recheado de vida.

> **Agora, eu quero que você descreva aqui tudo que a leitura feita até então despertou aí dentro em relação ao que te motiva. Liste suas verdadeiras motivações.**

🎬 Veja mais em vídeo

Acesse o canal https://www.youtube.com/MaiaraXavier e assista a alguns vídeos que separei especialmente sobre este tópico. Você vai gostar!

O principal investimento da sua vida! Você já está cuidando disso?
https://youtu.be/S9zTNyGH56I

📝 Anotações:

O que é riqueza para você

Vamos começar fazendo uma análise do que significam no dicionário as palavras "riqueza" e "rico(a)". Fiz algumas pesquisas em diferentes dicionários. Veja o que encontrei:

riqueza
substantivo feminino

1. característica ou condição do que é rico.
2. grande quantidade de dinheiro, posses, bens materiais, propriedades etc.; fortuna.
3. ostentação, luxo, fausto: a riqueza dos templos antigos.

Sinônimos de Riqueza
Riqueza é sinônimo de: exuberância, abundância, opulência, fortuna.

rico

adjetivo substantivo masculino

1. que ou aquele que possui muitos bens, muito dinheiro e/ou muitas coisas de valor.
2. que contém qualquer coisa em abundância.
3. sujeito endinheirado; quem tem muitos bens materiais, propriedades, riquezas.

Sinônimos de Rico

Rico é sinônimo de: delicioso, agradável, satisfeito, favorável, variável, magnânimo, criativo, fértil.

Vivemos em sociedade com pessoas totalmente diferentes e com isso nos deparamos com muitas opiniões, conceitos e julgamentos sobre riqueza. A desconexão com nossa essência, os registros da caixinha, o medo, o desejo de agradar... tudo isso conta na hora que criamos o nosso próprio conceito de riqueza.

Riqueza assusta porque ainda está muito atrelada a conceitos negativos, ruins, desagradáveis. Se esse é o seu caso, se você ainda se sente desconfortável com o conceito de riqueza, é hora de voltar ao primeiro tópico e remexer mais um pouco nos registros da sua caixinha. Reprogramar seus registros.

Tudo isso porque neste tópico queremos identificar o que é riqueza pra você. Acredito que o caminho que já percorremos até aqui te dá uma bagagem para definir com mais facilidade o que é riqueza pra você. O objetivo deste livro é te ajudar a simplificar o caminho que te levará à conquista do que você definir aqui, agora.

Juntando tudo que identificou até agora: quem você é, quais seus valores, o que te motiva, vamos trabalhar no que é riqueza pra você. Vou ajudar te contando um pouquinho do que é riqueza pra mim. Como te contei há pouco, a liberdade é um valor que me move demais. Então, todo meu conceito de riqueza está atrelado a esse valor. Quando eu decidi que ia conquistar minha própria riqueza, eu percebi que teria que atacar duas vertentes importantes nessa jornada: potencializar minhas receitas e reduzir meus gastos. Com isso alinhado eu aceleraria minha jornada de enriquecimento. Desde então, há 10 anos adotei um estilo de vida minimalista. Hoje tem esse nome, mas na época eu estava apenas seguindo meus instintos, queria uma vida prática e econômica e fui criando esse estilo de vida. Então, pode-se dizer que sou minimalista porque há anos percebi que seria uma forma de acelerar meu enriquecimento, mas hoje está superalinhado com meus valores.

O que é riqueza para a Mai

Recém-chegada a São Paulo, eu estava iniciando a vida em todos os sentidos: vida nova na grande cidade e começando minha carreira na área em que estava me especializando na faculdade. Depois de um desentendimento com meu pai, com quem estava morando, me mudei para casa de um amigo que era ex-namorado e que virou namorado de novo (relaxa, essa relação é complicada até de explicar, então não se apegue a detalhes! rs.); fomos parceiros no início de muitas coisas. Estávamos morando numa kitnet supervelha, metade vazia e outra metade com móveis doados. Inclusive dormíamos num colchão doado que tinha sido da irmã da minha madrasta que tinha crianças, e ele veio um pouco mijadinho. Havia ninhos de baratas nos encanamentos e por várias noites sentia-as caminhando nas minhas pernas. Não tínhamos máquina de lavar, então o domingo de manhã era dia de lavar roupas a mão, inverno e verão. Havia dois tanques de lavar roupas na parte de cima do prédio, numa área comunitária, onde também ficava o espaço para estender roupas. Por várias vezes chegamos para recolher nossas roupas e tinham juntado tudo e enfiado dentro de uma fronha para ter espaço e estender suas próprias roupas..., e olha que não éramos o tipo de pessoa que estendia e deixava lá por dias.... sabíamos dessa necessidade de compartilhar. Mas o espaço era pequeno mesmo. Lembro de não reclamar naquela época de praticamente nada. Eu estava no comando da minha vida (do jeito que dava para uma menina de 21 anos) e entendi que tudo aquilo era necessário para que eu chegasse onde desejava.

Lembrando que fazia pouco mais de um ano que eu tinha lido *Mulher Rica*, então estava no auge da motivação para minha independência financeira. Eu trabalhava como *webdesigner* no centro de São Paulo e morava no Cambuci, um bairro até que perto do trabalho, para São Paulo, uma distância que caminhando era possível fazer em 50 minutos. É realmente perto. Meu salário era de R$ 950 por mês. Eu economizava com transporte, pegava o dinheiro para incrementar no salário do mês, ia e voltava para o trabalho caminhando. Comprava itens como bijuterias e bolsas na 25 de Março e nos camelôs do centro da cidade e enviava para que minha mãe vendesse em

Jaguarão-RS. E também criei um anúncio para passear e cuidar de cachorros, ou seja, babá de cachorros. E ainda tinha um trabalho lá do outro lado da cidade, duas vezes por semana, pra passear com um rottweiler, o Dime! Ganhava 200 reais para isso. Naquela época eu precisava desse trabalho em troca de grana e, apesar de perder bastante tempo no transporte, compensava porque eu pensava que era aquele momento de passar perrengue, que no futuro eu agradeceria.

Com tudo isso, minha definição de riqueza veio se formando e posso dizer que hoje é:

"Ter uma vida simples e prática, com flexibilidade de tempo e liberdade financeira". Nessa pequena frase eu consegui incluir todos meus principais valores: simplicidade, praticidade, flexibilidade e liberdade, tendo como as moedas mais importantes, na minha opinião: tempo e dinheiro. E com isso em mente que eu parto diariamente em busca da minha riqueza maior. Eu já me considero uma pessoa rica porque já conquistei 80% da minha meta. Estou focando no meu patrimônio, aumentá-lo até chegar num valor que me permita trabalhar apenas por prazer. Deu pra perceber que meu conceito de riqueza é baseado no que é importante pra mim? E não no que os outros querem ou pensam sobre riqueza? Algumas pessoas podem olhar para minha vida e julgar que não sou uma pessoa rica, porque o conceito delas de riqueza é diferente. Elas esperam ver uma pessoa rica com jatinho particular, carrão importado na garagem, uma mansão... E elas não estão erradas, só não é uma verdade pra mim, então tá tudo bem. Errado seria eu me preocupar com isso ou tentar encaixar meus valores na opinião dos outros. Isso nunca caminha bem.

Agora é a sua vez: o que é riqueza pra você?

Veja mais em vídeo

Acesse o canal https://www.youtube.com/MaiaraXavier e assista a alguns vídeos que separei especialmente sobre este tópico. Você vai gostar!

Minha vida minimalista
https://youtu.be/xRRnyjhEaJ4

Pequena revisão da primeira parte da nossa jornada

Parabéns por ter chegado até aqui! Concluímos a etapa em que caminhamos pela sua essência, por quem você é. É com certeza o alicerce dessa jornada. É como se você fincasse os pés em terras firmes e praticamente nada fosse capaz de te mover, fica muito mais fácil a partir de então ter foco, ser mais produtivo e se preocupar menos com a opinião do outro. As anotações desta parte do livro podem e devem ser consultadas a todo momento. Afinal, trabalhamos a fundo na sua pessoa e dificilmente você irá muito longe do que descreveu aqui. O que acontecerá é ser uma versão melhorada, mas com frequência precisamos revisitar nossas raízes para entender os conflitos atuais.

Iniciamos nossa caminhada passando pela sua infância, relembrando fatos marcantes que são fundamentais para avaliar seu comportamento com as finanças e riqueza. É a partir dos registros na sua caixinha que é possível entender muito dos resultados que tem alcançado até aqui.

Conversamos sobre motivação e trabalhamos para entender o que te move. Diariamente, você é chamado pela sua motivação e levado a fazer o que faz. Quando estamos mais conscientes do que nos faz sair da cama todos os dias, é mais fácil trabalhar com as variáveis e identificar quando precisamos nos reconectar com nossos valores.

Não esqueça de criar e alimentar seu diário, sua terapia mais econômica e acessível. E por nada esqueça de ser grato por tudo que já tem. Todos os dias da sua vida. Alinhado com seus valores e essência, você definiu o que é riqueza pra você. Anote essa frase e coloque em algum lugar visível. Carregue sempre com você. É preciso se lembrar do que está correndo atrás e o que é realmente importante pra você.

Na correria e estresse do dia a dia, é esse conceito que vai fazer você escolher pelo que vale a pena comprar briga. Identificar se aquela situação vale o estresse, porque está alinhado ao que é importante pra você ou é só mais uma situação querendo sugar sua energia e tirando sua atenção do que realmente faz diferença na sua vida. Se você sabe o que é importante, é capaz de escolher as brigas nas quais quer entrar.

Agora vamos entrar na parte do livro em que trabalhamos com sua realidade. Bora enricar!

Anotações:

2 Onde você está

Chegamos na parte de identificar seu momento atual. Olhar ao seu redor e observar suas habilidades, necessidades e resultados. Tudo que você fez até agora te trouxe onde está, por isso é hora de avaliar o que pode continuar fazendo e o que precisa de ajuste para obter novos resultados.

Acolha a vida que você tem neste exato momento, tudo isso só está aí por um ÚNICO motivo... suas escolhas e decisões te levaram até aí.

A vida que você tem foi VOCÊ QUEM CONSTRUIU, ninguém mais é responsável ou culpado por isso se não você mesmo. Então, de nada vai adiantar ficar aí justificando por não ter conseguido fazer tal e tal coisa.

A sua realidade foi construída com as escolhas que fez até chegar aqui. E tudo vai continuar igual se, a partir de hoje, não enfrentar os desafios e mudar o que não está legal.

Se você tem uma rotina complicada, com vários filhos, obrigações da rotina de casa, um emprego que não te realiza, uma situação financeira delicada e mais um tanto de coisas, você precisa ter ainda mais organização e planejamento para dar conta de tudo e traçar um plano de mudança, para enfim colher novos resultados.

Vou te guiar nesse processo. Vamos juntos!

Como chegou aqui

Este é o momento de assumir o controle da sua vida. É colocar-se no papel de protagonista e abandonar qualquer papel de vítima nessa história.

Sabemos que nascemos na família que deveríamos ter nascido, que fomos criados e vivemos a vida que tínhamos que viver, que nada disso foi um erro. Isso já faz parte do pacote, a largada já é definida, mas você tem todo o poder de decisão, de escolha.... de escolher o que fazer com a vida usando ferramentas e habilidades que ganhou. Assim será escrita cada página do livro da sua vida. E, na verdade, você já deve fazer.

Lamentar a criação que teve ou que não teve, o lugar onde nasceu e cresceu, é colocar-se num papel de vítima. Não vai resolver absolutamente nada. Agora, ao analisar tudo isso, suas motivações e circunstâncias te dão uma visão clara de onde você está e por que chegou aqui. Para que os próximos passos sejam dados com propósito para te levar em direção aos seus objetivos, entender como chegou até aqui é revigorante.

Mais um pouco da história da Mai

Em 2008 minha vida estava em ascensão. Como já te contei, estava com minha estratégia de enriquecimento bem alinhada. Só precisava continuar firme e forte por aquele caminho.

Parecia tudo certo.

Mas a vida nos testa e nos traz desafios constantes.... e cabe a nós decidir como reagir a essas situações, como vamos enfrentá-las. Sempre fui uma menina um pouco mais madura do que minha idade e super-responsável, mas era extremamente insegura. Essa insegurança me prejudicou demais em vários momentos. Eu sabia dessa minha fraqueza e por isso sempre estive aberta a me colocar em situações que me fizessem aumentar a segurança. Continuava morando com um amigo-ex-namorado-atual-namorado. Ele era bastante ambicioso, o que me motivava muito a seguir com meu plano de enriquecimento. Dividíamos o mesmo grande sonho, só não compartilhávamos dos mesmos valores em relação à jornada. E isso pesaria demais nos anos seguintes.

Ele vinha de uma criação e experiências bem diferentes das minhas. Em sua infância, usufruiu de uma vida financeira abundante, consequência de uma grande herança que seu avô deixou para seu pai, ainda jovem. Mas quando o conheci, esse dinheiro já não existia mais, porém em sua caixinha existiam muitos registros dessa época.

E como resultado, ele tinha o costume de comprar mais do que podia, na tentativa, fracassada, de viver o que viveu no passado. Queria manter os mesmos hábitos da vida abundante, que já não existia mais. É supernormal. Ele não fazia por mal, era inconsciente.

Quando decidimos morar juntos em São Paulo, eu já sabia disso. Ele trazia dívidas do Rio Grande do Sul, mas parecia realmente estar determinado a mudar. E estava. Infelizmente só querer não resolve.

Para nós, entrar no ritmo da vida em São Paulo foi bem dolorido. Meu pai morava aqui com sua esposa e eu estava morando com meu namorado. Naquela época, meu pai frequentava com afinco uma igreja e fazia de tudo para nos levar. Com isso, acabamos frequentando também e tentando seguir criteriosamente todos os ensinamentos. Religião é uma fonte de energia em meio ao caos. E isso nos fortalece para seguir na dura luta diária na cidade grande. Só que estávamos "em pecado" perante os valores daquela religião, por morarmos juntos e não estarmos casados.

Com o tempo, ficou insuportável viver sob diretrizes e saber que você não as está respeitando. Demos um jeito de ajeitar os papéis e marcamos nosso casamento. Não dava para suportar a vida em pecado frequentando a igreja e tampouco o olhar de desaprovação do meu pai. E naquele momento eu não tinha a menor condição de fazer diferente. Era o que a Maiara daquela época tinha maturidade e confiança para fazer.

Já que tínhamos escolhido casar, decidi que devia ajudá-lo a organizar a vida financeira e começarmos com as coisas no devido lugar, sem pendências pelo caminho. Pegamos parte da minha reserva para acertar dívidas pendentes dele. A outra parte estava investida nos negócios das bolsas e bijuterias, que logo se mostrou não ser tão bom negócio e me fez perder parte dos investimentos. Nos casamos apenas no civil e com dinheiro emprestado no trabalho do meu então marido para pagar o cartório.

No começo tudo parecia caminhar bem. Ele era supertrabalhador (era porque não tenho mais contato com ele e não sei como está agora, por isso prefiro comentar só o que vivi) e isso era realmente empolgante, não tinha tempo ruim e estava sempre correndo atrás de novas oportunidades e de se desenvolver. Por isso, em apenas dois anos tínhamos triplicado nossas receitas e tudo caminhava para continuar assim.

Eu já sabia o que tinha de ser feito com as finanças, porém não estava conseguindo colocar em prática. O costume dele de comprar bastante voltou a aflorar com a mesma intensidade que suas receitas aumentavam. Nessa época, tínhamos mudado de apartamento, na outra esquina da mesma quadra, agora em um apê bem espaçoso, arejado, sem baratas e com área de serviço própria \o/... uma gracinha.

Tínhamos um apartamento lindinho, mas ainda não estava mobiliado. Ficamos assim por um bom tempo. Ele era bem persuasivo, para tudo que queria comprar ele ficava um bom tempo tentando me convencer de que precisávamos. Eu nunca aceitava de primeira, mas com tentativas tão incisivas, e eu muito insegura, não queria ser a chata e ficar dizendo não, até porque eram luxos que qualquer pessoa gostaria de ter também. Então eu cedia. Ao mesmo tempo em que não tínhamos o sofá da sala, já tínhamos um carro financiado na garagem alugada, porque o prédio não tinha garagem, e também uma moto. Ah, sem contar os patins, bicicletas, caiaque e teclado!

Eu não era feliz trabalhando como empregada na área de tecnologia e queria demais ir atrás dos meus sonhos. Ele também queria fazer o mesmo. Em 2010, larguei meu emprego de *webdesigner* numa grande empresa e fui empreender numa loja virtual de artesanato, fazendo biscuits. Ao mesmo tempo, o meu marido largava seu emprego e começava uma carreira nova baseada em comissões. Ali começou nossa grande crise financeira. Não tínhamos nos preparado corretamente. Não tínhamos uma reserva, o custo de vida não tinha sido adequado àquelas mudanças e começamos a não ter dinheiro.

A lojinha ia de vento em popa, porém precisava de estrutura financeira para continuar crescendo e fôlego para o reinvestimento inicial necessário pra fazer uma empresa crescer. O trabalho comissionado do marido na época também precisava de um tempo de amadurecimento. Começamos a ficar extremamente estressados e cada dia mais pobres. Chegamos ao ponto de não termos dinheiro para pagar o próximo aluguel. Eu estava em pânico!

Voltei ao mercado de trabalho para fazer o que eu não gostava, mas era o único caminho na tentativa de retomar o controle das coisas. Com menos de um mês do novo emprego, fui até o banco pedir um empréstimo no valor aproximado de R$ 7.000, o necessário para arcar com as contas dos meses seguintes. Os juros eram altíssimos e só consegui que liberassem o crédito em tão pouco tempo de carteira assinada porque coloquei a moto como garantia.

Os meses foram passando e nossa situação continuava delicada. Até que, entre outros problemas, percebi que nosso casamento não estava nos fazendo felizes. Não estávamos mais nos ajudando e saí de casa. Com uma mão na frente e outra atrás. Não tinha condições financeiras de arcar com uma nova casa. Carreguei o carro financiado que estava no meu nome e voltei para a casa do meu pai com R$ 30.000 em dívidas.

Era 2011... Cinco anos depois de ter lido *Mulher Rica*. De uma poupança de R$ 5.000 a R$ 30.000 em dívidas, divorciada aos 24 anos, na casa do pai e da madrasta. Minha irmãzinha já tinha nascido e tinha menos de 1 ano. Aquele mesmo pai que não aprovava morar junto com o namorado sem casar também não estava nada feliz em ver a filha divorciada. Isso também era pecado.

Eu estava me sentindo um fracasso. Mas também sentia que era a grande oportunidade de mudar completamente o rumo da minha vida, de novo. É bom destacar que para o ex-marido também não foi nada fácil. Ele continuou por um tempo tentando se estruturar financeiramente e arcando com várias pendências financeiras. Estávamos colhendo os resultados do que plantamos.

A família dele nunca mais falou comigo. Me colocaram como vilã da história e ele como vítima. Que pena. Ninguém foi vítima. E ninguém viveu o que vivemos lá. Numa relação, impossível julgar só por um lado. Mas naquele momento eu começava a aprender que eu não podia mais tomar minhas decisões baseadas no que as pessoas pensam de mim.

Não foi nada fácil mesmo. Eu poderia naquele momento ter culpado várias pessoas e circunstâncias para justificar minha dor e minha situação. Mas eu não podia, ninguém me obrigou a fazer nada e, diante de cada situação, por mais difícil ou por mais que as circunstâncias me induzissem a seguir determinado caminho, eu tive o poder de escolha.

Se por acaso a opinião dos outros influenciou minha escolha, no final, a escolha foi minha.

E sabe, Riqueza, tenho que te dizer que em nenhum momento eu me arrependo das escolhas que fiz, porque eu tenho consciência de que em cada uma delas eu fiz o melhor que podia fazer. Volto ao passado e me pergunto, faria tal coisa de novo? Sim. Porque naquela época era o que eu sabia e estava preparada pra fazer. Com a consciência que tenho hoje, eu faria as mesmas escolhas que fiz? Com certeza não. Mas de que isso adianta já que não mudo meu passado? Adianta que hoje sou capaz de tomar melhores decisões, me ajuda a não cometer os mesmos erros e traçar caminhos diferentes, porque já sei por onde não ir.

Nove meses depois, morando na casa do meu pai, eu tinha vendido o carro, liquidado minhas dívidas e já estava pronta para recomeçar em todos os sentidos. Meu pai me ajudou muito, durante esse tempo ele não me cobrou nada por morar lá, o que me ajudou a focar toda grana extra para liquidar minhas pendências. Eu estava na carreira que não gostava, mas numa empresa que eu curtia e precisava me dedicar para colocar a vida em ordem.

Nesse período, meu pai pediu que eu saísse da casa dele, porque ele, a esposa e minha irmã precisavam de privacidade. Eu já podia arcar com algumas contas, mas ainda não tinha dinheiro suficiente para uma boa vida e dificilmente conseguiria alugar (por questões de exigências burocráticas) e pagar por um apartamento. Então comecei a procurar um quarto para alugar em alguma pensão. Encontrei um lugar ideal para aquele momento. Eram suítes independentes num mesmo prédio. A cozinha era comunitária, mas o acesso aos quartos era feito através de corredores abertos para a rua. Isso me permitiria ter uma privacidade e ao mesmo tempo teria meu canto. Naquela época, já estava num novo relacionamento (com meu atual marido), mas não poderia receber visitas no quartinho.

A suíte devia ter uns 9 m². A estrutura era toda em concreto, umas prateleiras contornando a cama de solteiro que também era de concreto e já com colchão novinho. O lugar era limpinho. Eu tinha uma mala e um notebook. Era tudo o que eu tinha. E era o suficiente.

Posso dizer que os três meses que morei naquele lugar foram os meses de maior autoconhecimento que tive na vida. Nunca me senti tão sozinha como naqueles meses. Nunca chorei tanto em tão pouco tempo.

Apesar de já estar num novo relacionamento, eu não estava com estrutura emocional para cuidar bem dele, minha relação com meu pai, que nunca foi muito fácil, estava cada dia mais distante. Tinha pouquíssimas amizades e também não tinha emocional para fazer novas amizades. Minha mãe, por telefone, foi minha maior companheira. E eu posso dizer que foi naqueles três meses, que se encerrou um ciclo. A partir daí, eu comecei a escrever um novo capítulo da minha história. Não tinha mais dívidas, tinha um emprego e um salário, saúde, novo relacionamento. Seis anos depois do meu primeiro contato com o livro, eu estava partindo, financeiramente, do zero.

Por que te contei toda essa história? Porque nosso momento atual é o resultado de todas as escolhas que fizemos até aqui. E precisamos ter carinho com o que fomos no passado, porque sem dúvida alguma fizemos o melhor que podíamos. Não temos que lamentar, temos que aprender com nossa história e, principalmente, não temos que culpar ninguém, por mais difícil que seja olhar para uma situação muito dolorida, em que alguém te machucou, te magoou muito.... apenas escolha perdoar e busque alternativas de como lidar da melhor maneira com esse registro da sua caixinha.

Agora, que tal pegar seu diário e fazer um pequeno balanço da sua história? Voltar às grandes decisões que tomou na vida, analisar o que na época te motivou a fazer o que fez. O que pôde aprender com tudo isso. Você é o que é hoje por tudo que viveu até aqui. Todo mundo erra, essa é a graça da vida, ninguém nasce sabendo e ninguém acerta o tempo todo. Portanto, relembre a sua história com olhar de aprendizado, de compreensão e entenda como você chegou onde está hoje, agora!

Veja mais em vídeo

Acesse o canal https://www.youtube.com/MaiaraXavier e assista a alguns vídeos que separei especialmente sobre este tópico. Você vai gostar!

Como liquidei R$ 30.000 em dívidas em 9 meses
https://youtu.be/VKooaNY53eo

Anotações:

Reconhecendo o ponto de partida (roda da vida)

Depois de entender o que te trouxe até aqui, é importante avaliar como cada área da sua vida está. Nessa jornada de simplicidade para o enriquecimento, valorizamos uma vida em equilíbrio. Não vejo o menor sentido em ter muito dinheiro se estivermos em desequilíbrio em áreas que são fundamentais para seguirmos firmes e fortes. Assim como estar superbem em outras áreas, mas não ter dinheiro suficiente para realizar os objetivos.

Sim, eu adoro dinheiro, não tenho o menor problema em assumir que busco riqueza e abundância material. Assim como desejo a todos meus seguidores muito dinheiro pra viverem a vida que desejam e que tenham uma relação saudável com essa busca. A quantia de dinheiro que possuo não define quem eu sou, meu caráter já existe sendo pobre ou rica. O que realmente acontece é o dinheiro e o poder darem intensidade àquilo que já temos. Então, se uma pessoa é desonesta, isso será intensificado com poder e dinheiro. E não o contrário.

Bora analisar as seguintes áreas na sua vida: **Pessoal, Profissional, Qualidade de Vida e Relacionamentos.**

Vida Pessoal

Em Vida Pessoal, vamos analisar três aspectos: Desenvolvimento Intelectual, Saúde e Disposição e Equilíbrio Emocional.

Desenvolvimento intelectual

Nesta subcategoria, analisamos o quanto se tem investido em novas experiências, se exposto a novas situações. O quanto tem aprendido de novo, estudado e se desenvolvido tanto para crescimento pessoal como profissional. O quanto tem estudado para se tornar uma pessoa melhor, para amadurecer e aprender a lidar melhor com os desafios emocionais. Quantas habilidades vem buscando desenvolver e aprimorar... e como você costuma encaixar cuidado e atenção na sua rotina a esta subcategoria.

Com relação ao seu enriquecimento, o desenvolvimento intelectual é fonte indispensável. Quanto mais você estuda e se desenvolve, mais aprende sobre investimentos e mais perto dos seus objetivos você fica. Como consequência, mais autonomia você ganha. Ler livros, ler artigos na internet, fazer cursos *on-line* e presenciais, aplicar conhecimento na prática, conversar com quem entende do assunto... são estratégias para desenvolver habilidades que te ajudarão a investir melhor seu dinheiro, a ter mais consistência e assim acelerar a jornada de enriquecimento.

Preencha o quadro a seguir para fazer um balaço desta subcategoria na sua vida.

O que precisa melhorar	O que já está funcionando
Liste 5 aspectos que precisam ser melhorados no seu desenvolvimento intelectual	*Liste 5 aspectos positivos no seu desenvolvimento intelectual*
1.	1.
2.	2.
3.	3.
4.	4.
5.	5.

Agora, de uma forma geral, avalie de 0 a 10 como você se sente em relação ao seu desenvolvimento intelectual, sendo 0 totalmente insatisfeito e 10 totalmente satisfeito. Escreva sua nota e justifique!

Em seguida, vamos falar de metas para desenvolvimento intelectual focado no enriquecimento. Defina e liste três metas (e como e quando serão cumpridas) para você aplicar no desenvolvimento intelectual financeiro e acelerar sua jornada.

Ex.:

| 1. Ler um livro por mês sobre investimentos. | 12 livros até novembro de 2019 |
| 2. Aprender sobre psicologia econômica. | Fazer um curso em janeiro de 2019 |

Minhas metas e prazos

1.	
2.	
3.	

Saúde e disposição

Pra mim, esse é o ponto mais importante e valioso das nossas vidas. Diria que é nossa maior riqueza. Tudo pode estar indo às mil maravilhas... até a saúde falhar. Tudo que era importante perde sentido e a única coisa que importa é recuperar a saúde e a disposição. Muitas pessoas deixam essa parte de lado, já que está tudo funcionando muito bem. Pensam: Por que vou me preocupar? e só valorizam quando não têm. Porém, às vezes pode ser tarde demais e o custo disso pode ser irreversível. A melhor coisa a fazer é prevenir, cuidar, manter... sem nunca chegar no nível de emergência.

Precisamos da nossa saúde e disposição pra fazer qualquer coisa na vida acontecer. Então, não podemos ser negligentes com esta subcategoria. Não há nada mais importante. Por isso, a falta de tempo para dar atenção a esses pontos é uma tremenda de uma desculpa furada. Sem energia e saúde, o trabalho perde todo sentido. A ordem precisa ser: cuido da saúde para render mais no trabalho, para ter mais tempo com minha família, para ter disposição de cuidar dos meus filhos.

Com relação ao enriquecimento, como citei, sua maior riqueza é a saúde. De nada vai adiantar se matar de trabalhar a vida inteira, acumular um patrimônio capaz de lhe dar a liberdade que tanto quer se não terá mais saúde para usufruir. Não queremos enriquecer para torrar nosso patrimônio em remédios e tratamentos de doenças desenvolvidas pela displicência em não cuidar do nosso corpo e mente. Não preciso dizer mais nada, né?

Faça suas consultas e exames periódicos. Alimentação saudável e rica em todos os nutrientes necessários. Mexendo o corpo com consistência.

Vamos lá! Preencha o quadro para fazer um balanço desta subcategoria na sua vida.

O que precisa melhorar	O que já está funcionando
Liste 5 aspectos que precisam ser melhorados em sua saúde e disposição	*Liste 5 aspectos positivos em sua saúde e disposição*
1.	1.
2.	2.
3.	3.
4.	4.
5.	5.

Agora, de uma forma geral, avalie de 0 a 10 como você se sente em relação à sua saúde e disposição, sendo 0 totalmente insatisfeito e 10 totalmente satisfeito. Escreva sua nota e justifique!

Vamos então falar de metas para sua saúde e disposição focadas no enriquecimento. Defina e liste três metas (e como e quando serão cumpridas) atreladas à sua saúde e ao seu desenvolvimento para acelerar sua jornada.

Ex.:

1. Visitar uma nutricionista e criar um cardápio saudável possível para minha realidade.	Novembro de 2018
2. Começar a me exercitar – caminhadas diárias de 30 minutos.	Amanhã, dia 10 de novembro de 2018

Minhas metas e prazos

1.	
2.	
3.	

Equilíbrio emocional

Quando falamos em equilíbrio emocional, estamos nos referindo à maneira com que você lida com seus desafios no dia a dia. Já parou pra prestar atenção em como reage aos problemas, conflitos, inseguranças e afrontas com os quais se depara diariamente? Não existe uma fórmula mágica que ensine a melhor maneira de reagir a cada situação. Na verdade, seria ousadia demais determinar a forma certa de reagir a situações tão particulares, especialmente quando tratamos de seres humanos. Mas uma coisa é real: quanto mais equilíbrio emocional você possui para lidar com essas questões, maiores os benefícios para você. Vamos pensar assim: Problemas? Todos temos. Desafios? Sempre vão aparecer. Impossível fugir disso. O que fazer então? Aprender a lidar da melhor forma possível com eles.

Qual é a melhor forma? A que possamos superar mais rápido. Fazer com que a dor dure menos tempo. Que não nos desesperemos. E isso cada um de nós vai descobrindo como funciona melhor. Uma coisa bem legal, que nos ajuda a levar a vida de forma mais leve, é aprender a se colocar no lugar do outro. O mundo, com certeza, seria um lugar muito melhor de viver se tivéssemos esse hábito. Nos tornamos mais compreensivos e mais humanos quando fazemos isso. Abrimos espaço para a gentileza. E entendemos que quando alguém tenta nos magoar (sim, as pessoas tentam, nós que decidimos se elas conseguem ou não) quer dizer muito mais dela do que de nós. Ela pode estar passando por um momento difícil e só precisa de uma palavra de apoio.

Precisamos parar de pensar que todo mundo está contra nós. Algumas pessoas têm essa mania de pensar que o mundo gira ao seu redor, que tudo que todos fazem é para tentar atingi-las, quando, na verdade, ninguém sabe ao certo o que está fazendo e está todo mundo tentando encontrar a melhor forma de fazer isso. Então, se você tem esse costume, fica aí a dica. Olhe mais para suas atitudes e postura, veja o que você pode fazer para tornar a jornada mais leve e amável para você e para quem mais cruzar o seu caminho.

Penso assim: Existem muitas pessoas infelizes, passando perrengue demais na vida. Algumas tentam nos derrubar. Mas eu não posso controlar isso. Para simplificar minha jornada, eu ajo no que controlo. E a melhor coisa é ter a consciência tranquila e o coração em paz. Com guerra, discórdia e trapaça não se vai a nenhum lugar.

Sua reação às diversas situações do dia a dia revela muito sobre sua qualidade de vida. Quanto mais equilibrado, melhor será o controle das emoções nocivas, utilização das positivas e tomada de decisão. Se isso não estiver em sintonia, pode te levar a agir sem pensar, sem controle e sofrer com problemas que podiam ser evitados.

Acolha seus erros, perdoe-se e coloque-se no lugar do outro.

Seu equilíbrio emocional é uma forte ferramenta que ajuda na jornada de enriquecimento e vai ditar muito dos seus resultados. O que todos esses anos estudando psicologia econômica me mostram é que a principal peça do jogo é o ser humano. Seus comportamentos e seu equilíbrio emocional. Como lidar com os desejos de consumo, como lidar com a organização financeira, na hora de guardar dinheiro, enfrentar opiniões diversas, ser julgado, como lidar com a perda, com o risco, como lidar com a zona de conforto e procrastinação. Como lidar com os registros de suas caixinhas, como ter disciplina e como enfrentar as frustrações durante esse percurso.

Enriquecer vai muito além de números. Não é uma ciência exata, porque quem percorre é um ser humano. Por isso, acredito demais que este livro que você tem em mãos agora é um verdadeiro tesouro, pois tivemos o maior cuidado em falar com o humano que está aí do outro lado. Isso porque, por mais que descubra várias fórmulas mirabolantes de calcular juros compostos, se não consegue olhar para si, se conhecer e entender seus limites e desejos, não adiantará, pois não vai enriquecer.

Portanto, esse é um pilar que deve ser olhado com muito carinho. Ele vai determinar o quanto você é capaz de enriquecer. Quanto mais cuidado tiver, mais suas finanças vão agradecer e também refletirá em riqueza para todas as áreas da vida.

Preencha o quadro para fazer um balanço desta subcategoria na sua vida.

O que precisa melhorar	O que já está funcionando
Liste 5 aspectos que precisam ser melhorados no seu equilíbrio emocional	*Liste 5 aspectos positivos no seu equilíbrio emocional*
1.	1.
2.	2.
3.	3.
4.	4.
5.	5.

Agora, de uma forma geral, avalie de 0 a 10 como você se sente em relação ao seu equilíbrio emocional, sendo 0 totalmente insatisfeito e 10 totalmente satisfeito. Escreva sua nota e justifique!

_____
_____
_____
_____

Chegou o momento de falar de metas para seu equilíbrio emocional focado no enriquecimento. Defina e liste três metas (e como e quando serão cumpridas) atreladas ao seu equilíbrio emocional para acelerar sua jornada.

Ex.:

1. Fazer um retiro de meditação.	Dezembro de 2018
2. Fazer terapia.	Janeiro de 2019

Minhas metas e prazos

1.	
2.	
3.	

Vida Profissional

Em Vida Profissional, vamos analisar três aspectos: Recursos Financeiros, Contribuição Social e Realização e Propósito.

Recursos financeiros

Infelizmente, a maioria das pessoas está num trabalho basicamente pelos recursos financeiros. Recentemente, recebi uma pergunta pelo Instagram de uma seguidora que dizia assim: "Maiara, não suporto meu trabalho, mas preciso dele para pagar as contas, o que fazer?"

Vou indicar este livro pra ela!

Essa pergunta representa a grande maioria dos brasileiros. Eu já fui uma delas. Desde que me apaixonei por finanças, eu entendi que meu mundo não era trabalhar como empregada e muito menos com tecnologia. Mas desde minha descoberta até realmente eu conseguir viver a vida que sonhava, foram oito anos. Claro que não precisa ser assim tão demorado pra todo mundo, o tempo de transição varia pra cada pessoa.

Na época dos nossos pais, isso era comum. O trabalho era só para pagar contas mesmo. Não estava alinhado a propósito, realização pessoal etc. O importante era conseguir um emprego estável no qual você ficaria a maior parte da sua vida e usaria os recursos financeiros para arcar com os financiamentos que durariam praticamente o tempo de vida ativa. Depois de quitar a casa, estava quase na hora de se aposentar e aí sim pensar em aproveitar a vida. Mas aí, vinha outra cruel realidade: não havia recursos financeiros suficientes para viajar e aproveitar a aposentadoria.

Enfim, os tempos mudaram. Hoje em dia, recursos financeiros por si sós não nos bastam. Queremos o dinheiro e muito mais. E estar num emprego só para pagar contas está deixando o povo doido. E eu vejo como tudo está muito interligado. Se estamos fazendo algo que faz sentido pra nós, se estamos realizados com nosso trabalho, recursos financeiros serão uma boa consequência.

A questão é: devemos sim manter essa subcategoria muito bem nutrida. Sem dinheiro não se supre um monte de outras necessidades fundamentais para uma vida rica. E não é ter recursos financeiros só pra arcar com o básico. Para uma vida rica, precisamos de recursos financeiros para vivermos uma vida abundante agora, com qualidade de vida, conquistando objetivos.

Enquanto se está num emprego que não o satisfaz, o caminho é criar um plano (seguindo muito do que passo neste livro) para que num futuro breve seja possível aliar o dinheiro com as outras duas categorias sobre as quais vamos conversar aqui, relacionadas à vida profissional. Então, faça o melhor que você puder com o que tem e onde está. O que está vivendo agora faz parte da sua jornada e a maneira que encara a vida neste exato momento refletirá nos resultados do futuro. Lembre-se: o seu futuro é criado a partir das suas atitudes e decisões do presente.

Por isso, se você quer uma vida melhor no futuro, minha sugestão é que comece valorizando o que tem na vida agora e fazendo escolhas melhores. Bom, agora o que dizer sobre o dinheiro em relação ao enriquecimento? Que sem ele não enriquecemos? De fato, ainda precisamos melhorar muito nossa relação com o dinheiro. Vivemos num mundo capitalista, onde praticamente tudo gira em torno do dinheiro e mesmo assim ainda não temos uma boa relação com ele.

Sejamos práticos, não adianta ficar com essas frescuras de que não gosta de dinheiro, de que o dinheiro não é importante, de que precisa só do suficiente para uma vida confortável, que será recompensado pelo seu duro trabalho, de que o que é seu está guardado, de que sua hora vai chegar e blá blá blá... É dinheiro que queremos e não é pouco, não! Tá na hora de se posicionar. De agir, de correr atrás do que queremos, sermos mais eficientes em busca de melhores resultados e exigirmos reconhecimentos financeiros por isso. Se você quer enriquecer, não tenha medo nem do trabalho duro, nem do dinheiro.

Preencha o quadro para fazer um balanço desta subcategoria na sua vida.

O que precisa melhorar	O que já está funcionando
Liste 5 aspectos que precisam ser melhorados em seus recursos financeiros	*Liste 5 aspectos positivos em seus recursos financeiros*
1.	1.
2.	2.
3.	3.
4.	4.
5.	5.

Agora, de uma forma geral, avalie de 0 a 10 como você se sente em relação aos seus recursos financeiros, sendo 0 totalmente insatisfeito e 10 totalmente satisfeito. Escreva sua nota e justifique!

....
....
....
....

Vamos falar de metas para seus recursos financeiros focados no enriquecimento. Defina e liste três metas (e como e quando serão cumpridas) atreladas aos seus recursos financeiros para acelerar sua jornada.

Ex.:

1. Aumentar meu salário em 20%.	Até março de 2019
2. Viver com 70% do meu salário.	Até junho de 2019

Minhas metas e prazos:

1.	
2.	
3.	

Contribuição social

Entramos numa subcategoria em que pensar no próximo é fundamental. Não estamos sozinhos nessa vida, e todas as nossas ações, por menores que sejam, impactam diretamente na vida de muitas outras pessoas. Em se tratando da vida profissional, é ainda mais forte. Você já parou pra pensar no impacto que seu trabalho tem na vida das outras pessoas? De que forma você está contribuindo para o mundo? Seu trabalho contribui para a sociedade? Contribui para tornar o mundo um lugar melhor?

Quando eu ainda trabalhava como funcionária em empresas e estava no início de carreira, com frequência eu via vagas de *trainee* com salários muito atraentes em indústrias que fabricam cigarros. Naquela época, já que não curtia meu trabalho, o meu foco era sempre o salário. Eu olhava aquelas vagas e ficava encantada com a possibilidade de ter aquele salário. Mas eu não sou fumante e tenho uma grande birra com esse palitinho. Não suporto! Ou seja, não está alinhado aos meus valores.

E naqueles vários momentos em que me deparava com essas vagas, rolava um conflito entre a alegria de me imaginar com aquele salário e a ideia de estar ajudando na produção de algo que com que eu não concordava. Meus valores venciam... nunca me inscrevi em nenhuma daquelas vagas. Eu tentava imaginar como eu me sentiria no dia a dia, trabalhando lá. E só de imaginar, a sensação não era nada legal e até o salário atraente deixava de ser interessante.

Se você está trabalhando numa empresa com a qual seus valores não se alinham, dificilmente você está alimentando essa subcategoria e isso vai deixar uma lacuna não preenchida na sua vida profissional. Se não concorda com a postura do chefe ou dos donos. Se não concorda com a maneira com que eles tratam os resíduos, como se relacionam com fornecedores e parceiros. Como tratam os funcionários. Com o que entregam para a sociedade. Tudo isso pode interferir em seus valores e te deixar incomodado com o seu trabalho. E, querendo ou não, se estamos lá e sabemos das práticas erradas cometidas pelos administradores, estamos sendo coniventes com elas, o que acaba dizendo um pouco sobre nós.

Muitas pessoas, por vivenciarem isso e não concordarem, decidem largar o emprego e abrir sua própria empresa, aplicando seus valores e visão de contribuição social. Empreendedorismo do próprio negócio é a forma mais direta de contribuição social. Mas mesmo como funcionários podemos fazer nossa parte, não apoiando atitudes com as quais não concordamos.

E se o que você faz, seja dentro de uma empresa ou empreendendo o próprio negócio, está resolvendo uma questão importante da sociedade, esse é um caminho poderoso para o enriquecimento.

Preencha o quadro para fazer um balanço desta subcategoria na sua vida.

O que precisa melhorar	O que já está funcionando
Liste 5 aspectos que precisam ser melhorados na sua contribuição social	*Liste 5 aspectos positivos na sua contribuição social*
1.	1.
2.	2.
3.	3.
4.	4.
5.	5.

Agora, de uma forma geral, avalie de 0 a 10 como você se sente em relação à sua contribuição social, sendo 0 totalmente insatisfeito e 10 totalmente satisfeito. Escreva sua nota e justifique!

Vamos falar de metas para sua contribuição social focada no enriquecimento. Defina e liste três metas (e como e quando serão cumpridas) atreladas à sua contribuição social para acelerar sua jornada.

Ex.:

1. Definir com clareza como quero impactar a sociedade onde vivo.	Até novembro de 2018
2. Aplicar o que identifiquei na meta anterior no meu trabalho (criar um plano).	Até dezembro de 2018

Minhas metas e prazos:

1.	
2.	
3.	

Realização e propósito

Riqueza, depois de tudo que conversamos sobre motivação, esta subcategoria ficou fácil de analisar. É hora de avaliar o quanto seu trabalho está conectado com seus valores e motivos.

O quanto você tem tesão de fazer mais e melhor esse trabalho. Sabemos que ninguém está motivado 100% do tempo, mas quando não estamos conectados com o que faz nosso coração pulsar, caímos no automático da vida e a única coisa que nos prende no que estamos fazendo é o dinheiro. Aí já viu, né? É a receita para ficar infeliz e deixar de correr atrás do que é importante pra você.

Este livro vai com certeza te ajudar a identificar não só se o que você está fazendo hoje faz sentido, como alinhar seus valores, se conectar com sua essência e assim te orientar a seguir seu propósito de vida.

Se não estamos conectados com nosso propósito de vida e não nos sentimos realizados, por mais ambição que tenhamos, nossos ganhos sempre terão um teto. Porque não teremos energia e motivação suficientes para nos impulsionar às grandes realizações. Não é só de desejos materiais que nos movemos. Em algum lugar e em algum momento a vida cobra mais que isso. Hoje, mais do que nunca, queremos fazer o que faz sentido e não qualquer coisa só por fazer. Quando conseguimos identificar e seguir nosso propósito de vida, enriquecer é uma consequência. É muito mais fácil enriquecer quando você se doa ao que faz, sem tanto sacrifício.

Por isso, se você está enfrentando um momento de desânimo na vida profissional, é sinal de que não se sente realizado e é necessário dar atenção de verdade pra isso. Passamos a maior parte das nossas vidas trabalhando, então não faz sentido passarmos horas valiosas da nossa vida fazendo o que não nos representa. Estamos vivendo uma época muito interessante e cada dia mais pessoas estão seguindo seus sonhos, indo atrás de uma vida com mais propósito. Não devemos esperar a aposentadoria para então curtir a vida. Temos que viver com intensidade, porque são momentos que não voltam mais e ao mesmo tempo construímos um futuro rico.

Esse é o momento ideal pra você seguir os seus sonhos.

Eu não era nada feliz sendo empregada. Foram oito anos na área de tecnologia. E durante esse tempo eu mudei muito de empresa. Porque até eu ter convicção de que não era aquilo que me realizava, eu pensava que era o salário, que era o ambiente. Eu vivia inquieta. Sempre que aparecia uma oferta de salário melhor, eu mudava de empresa. Não conseguia me desenvolver em nenhuma delas, porque eu não estava conectada com nada daquela carreira.

A pior parte era a culpa que eu projetava pra cima de mim. Por muito tempo eu pensei que o problema era eu. Que eu era preguiçosa, mal-agradecida, que não era capacitada etc. Me culpei por muitos anos por não me encaixar naquele mundo.

Afinal, todo mundo à minha volta dizia que eu estava numa carreira promissora, que tecnologia dá dinheiro, que eu era muito sortuda por estar onde estava. E isso pesava. Realmente tecnologia é uma área incrível, oportunidade de grandes salários, rápido crescimento, sempre tem vaga... Mas isso de nada adiantava se não alimentava minha alma. Mas olha, Riqueza, vou te contar que não foi fácil. Não foi fácil ouvir meu coração, ir contra todo mundo que estava ao meu redor pensando que eu era uma louca em fazer isso. Esse foi um dos grandes motivos por minha transição ter sido lenta.

Mas, com pouco mais de dois anos à frente de minha própria empresa, trabalhando 100% com o que eu amo, fui me conectando com meu propósito. Agora tudo faz sentido e percebo que lá atrás todos aqueles sinais de descontentamento não eram bobagens, era a vida me avisando que eu estava indo pelo lado errado.

E o que aconteceu depois de assumir isso? Estou com uma empresa com pelo menos cinco colaboradores *freelancer*, mais duas funcionárias, meu escritório montado, tesão em trabalhar, trabalho mais do que trabalhava em TI, e isso não é um problema, é uma alegria sem tamanho. E sim, sinto que estou fazendo a diferença na vida das pessoas que me acompanham, ganho muito mais do que ganhava na "carreira promissora" e com muito potencial de continuar aumentando o faturamento.

Foi fácil chegar até aqui? De jeito nenhum. Poderia ter sido menos complicado, é claro, se não se tratasse de um ser humano com todas as inseguranças e os medos que nos acompanham. Faz parte. Toda grande mudança dá medo, dá frio na barriga... mas hoje eu vejo como um sinal positivo. Toda grande mudança movida por propósito vale a pena. Depois dos perrengues iniciais, a gente goza de uma plenitude sem tamanho.

Os desafios na minha vida profissional não desapareceram, pois, enquanto vivermos, teremos desafios. Então, tentar fugir dos problemas não deve ser o objetivo na hora de mudar de carreira. Mas é muito mais fácil lidar com problemas relacionados ao que nos realiza do que de um trabalho que só paga nossas contas.

Todo mundo traz consigo uma razão maior para viver, que é sua missão de vida. Aquilo que fazemos com naturalidade, com mais facilidade, que não é sacrificante fazer... observe aí na sua vida (seguindo as dicas do primeiro capítulo) quais são essas coisas. Serve de alerta e termômetro pra saber o quanto você está vivendo seu propósito. Agora, é hora de mensurar o tamanho da sua realização com o que está fazendo nesse momento e o quanto está vivendo seu propósito de vida.

Preencha o quadro para fazer um balanço desta subcategoria na sua vida.

O que precisa melhorar	O que já está funcionando
Liste 5 aspectos que precisam ser melhorados em realização e propósito	*Liste 5 aspectos positivos em realização e propósito*
1.	1.
2.	2.
3.	3.
4.	4.
5.	5.

Agora, de uma forma geral, avalie de 0 a 10 como você se sente em relação à realização e propósito, sendo 0 totalmente insatisfeito e 10 totalmente satisfeito. Escreva sua nota e justifique!

Vamos falar de metas para sua realização e propósito focadas no enriquecimento. Defina e liste três metas (e como e quando serão cumpridas) atreladas à sua realização e ao seu propósito para acelerar sua jornada.

Ex.:

1. Trabalho voluntário.	Novembro 2018
2. Anotar durante três meses o que as pessoas dizem que faço bem.	A partir de dezembro 2018

Minhas metas e prazos:

1.	
2.	
3.	

Qualidade de Vida

Em Qualidade de Vida também vamos analisar três aspectos: Criatividade, *Hobbies* e Diversão, Plenitude e Felicidade, e Espiritualidade.

Criatividade, *hobbies* e diversão

Ah, eu adoro esta subcategoria. O que acontece é que ela é uma das mais prejudicadas no automático da vida. E diria que até mesmo mal utilizada. Diversão, lazer, descanso fazem parte de uma vida equilibrada, que precisa estar bem distribuída. Normalmente, vamos para os extremos: ou nos divertimos demais ou nunca nos permitirmos um tempinho pra nos distrair. Aí a coisa fica feia. Inclusive quando o assunto é dinheiro, num orçamento saudável existe uma fatia do salário que deve ser direcionada para a diversão. Veremos isso mais pra frente...

Desenvolver e alimentar um *hobby* é como um combustível pra nossa vida. É aquele momento em que nos desligamos dos problemas da vida, vivemos o momento presente e nos reabastecemos da energia necessária para continuar. Desde minha adolescência, eu carrego comigo um lema, desenvolvido com a turma de meninas da escola, que justificava algumas aventuras:

"Se não vivermos isso, que história contaremos para nossos netos?"

Esse lema representa tudo o que eu acredito sobre viver intensamente, fazer coisas diferentes, aproveitar, experimentar e construir histórias incríveis para contar. Quero ser aquela vovó com histórias superinspiradoras, engraçadas e diferentes. Por isso, em cada etapa da minha vida, tento colocar um grande ou louco sonho em prática. Isso, além de me deixar muito motivada, me faz pensar: Mais um capítulo interessante no meu livro da vida!

A gente pode até, na maior parte do tempo, esquecer a grande relação que esta subcategoria tem com o enriquecimento. Imaginemos assim: Você passa a semana com a cabeça no trabalho, envolvido e imerso nos problemas do dia a dia, praticamente 24 horas pensando nas mesmas coisas. Quando você tira um tempo pra se divertir ou para praticar seu *hobby*, "do nada" uma ideia surge, como é o caso de uma solução para um problema que parecia não ter fim.... tudo como se fosse um passe de mágica. O que você fez, na verdade, foi tirar o foco da mesma coisa, dar um descanso para seu cérebro e com isso ele conseguiu trabalhar com mais criatividade, sem pressão.

Por isso pessoas que têm um *hobby* e o hábito de incluir diversão na rotina acabam sendo bem mais produtivas e criativas que as pessoas que acreditam que precisam trabalhar muito, o tempo todo, e só pensam em trabalho e em entregar bons resultados.

Se você quer enriquecer com uma base sólida, aprenda a se divertir, se distrair, se dedicar a algum *hobby* que não tenha nada a ver, aparentemente, com sua atividade principal. Você verá o quanto isso vai refletir nos seus resultados.

Bora avaliar o quanto você sabe se divertir.

Preencha o quadro para fazer um balanço desta subcategoria na sua vida.

O que precisa melhorar	O que já está funcionando
Liste 5 aspectos que precisam ser melhorados em Criatividade, Hobbies e Diversão	*Liste 5 aspectos positivos em Criatividade, Hobbies e Diversão*
1.	1.
2.	2.
3.	3.
4.	4.
5.	5.

Agora, de uma forma geral, avalie de 0 a 10 como você se sente em relação à criatividade, hobbies e diversão, sendo 0 totalmente insatisfeito e 10 totalmente satisfeito. Escreva sua nota e justifique!

Vamos falar de metas para criatividade, *hobbies* e diversão focados no enriquecimento. Defina e liste três metas (e como e quando serão cumpridas) atreladas a criatividade, *hobbies* e diversão para acelerar sua jornada.

Ex.:

1. Experimentar um novo *hobby*.	Novembro de 2018
2. Sair para dançar uma vez por semana.	Dezembro de 2018

Minhas metas e prazos:

1.	
2.	
3.	

Plenitude e felicidade

Riqueza, eu não acredito numa vida em que estejamos felizes o tempo todo. Eu penso que a cobrança por uma vida feliz acaba por nos deixar frustrados e ainda mais infelizes. Enxergo a vida como uma jornada de evolução, em que o normal é estarmos passando por perrengues, sendo desafiados, quebrando a cara, nos sentindo inseguros, vencendo os medos e com isso aprendendo o que viemos aprender. E no meio do caminho somos agraciados com pitadas de felicidade. Isso é viver com plenitude.

Essa história de que temos que buscar a felicidade acima de tudo, que temos que ser felizes o tempo todo, só nos traz um peso enorme, porque ninguém é feliz o tempo todo e a constância da vida são exatamente esses altos e baixos. Para uma vida plena e para melhores resultados, precisamos aprender a curtir todos os momentos, tanto os em que estamos em alta, com tudo dando certo, quanto quando estamos em baixa. Porque isso é vida real.

As pessoas que mais se destacam e conseguem realizar mais não são as que "estão felizes o tempo todo" (isso não existe, pura ilusão!), e sim as que entendem e aceitam os momentos de dificuldade como parte da jornada da vida, necessários para prepará-los para vencer desafios ainda maiores e, com isso, realizar mais.

Por muito tempo eu encarei meus momentos de baixa com muita cobrança e culpa. Como eu poderia estar me sentindo daquele jeito? Eu devia estar sempre alto astral, feliz e superprodutiva. Tudo isso acabava me deixando ainda mais pra baixo e eu não conseguia aproveitar todo o aprendizado que esse momento tinha para me oferecer. Com o tempo, e não faz muito, comecei a me permitir desanimar, só que agora, eu paro e começo a analisar o que esse momento está querendo me dizer. Não sou um robô e tenho que respeitar e entender meus sentimentos e minhas emoções.

Com isso, meus momentos de baixa hoje em dia duram menos tempo e saio deles muito mais energizada e com tesão para realizar minhas metas. Não há fórmula mágica pra isso, é questão de escolha. Eu escolhi olhar para minha dor, sem culpa, e tentar entender suas raízes. E isso é um ciclo, sei que não vou evitar que esses momentos voltem, porque a vida é assim. Enquanto viver serei desafiada, e a cada obstáculo eu tenho o poder de escolher: enfrento ou fujo? Se fugir, ele não vai desaparecer, ele voltará cada vez maior. Então é escolher entre enfrentar e sofrer ou enfrentar e aprender.

Se a gente vive esperando pela felicidade, perdemos partes importantes dessa jornada incrível que é viver. Então, que a gente tenha mais carinho pela nossa caminhada, acolha nossas lutas e celebre demais todas a conquistas.

Assim, nossa jornada para o enriquecimento será plena e também feliz. Temos que curtir o caminho, celebrar cada pequena conquista e aproveitar intensamente. Enxergar nossas possíveis falhas como parte do plano e não motivos para desanimar ou até mesmo desistir.

Preencha o quadro para fazer um balanço desta subcategoria na sua vida.

O que precisa melhorar	O que já está funcionando
Liste 5 aspectos que precisam ser melhorados em Plenitude e Felicidade	*Liste 5 aspectos positivos em Plenitude e Felicidade*
1.	1.
2.	2.
3.	3.
4.	4.
5.	5.

Agora, de uma forma geral, avalie de 0 a 10 como você se sente em relação à plenitude e felicidade, sendo 0 totalmente insatisfeito e 10 totalmente satisfeito. Escreva sua nota e justifique!

_____
_____
_____
_____

Vamos falar de metas para plenitude e felicidade focadas no enriquecimento. Defina e liste três metas (e como e quando serão cumpridas) atreladas à plenitude e felicidade para acelerar sua jornada.

Ex.:

1. Para cada pequena conquista vou celebrar com uma taça de vinho.	A partir de novembro 2018
2. Listar 10 filmes que me inspiram e motivam; quando eu desanimar, vou assisti-los!	A partir de novembro 2018

Minhas metas e prazos:

1.	
2.	
3.	

Espiritualidade

Esse é um ponto que, antes que você pense, não se trata de religião. É um aspecto real e presente nas nossas vidas. Não temos o controle absoluto sobre nada, sobre o que vai acontecer nos próximos minutos, e não podemos prever nosso futuro.

Espiritualidade nos conecta com as infinitas possibilidades do universo. A espiritualidade vem para nos dar a opção de escolha. De que maneira escolhemos levar a vida? Com positividade, com fé e esperança? Você escolhe ter fé em si mesmo e nas pessoas?

Que sentimentos você escolhe ter? Qual a energia que predomina na sua vida?

Acreditar que não estamos sozinhos, que fazemos parte de um todo e que estamos de alguma maneira todos conectados ajuda a encarar melhor os desafios que vão surgindo no decorrer da jornada de enriquecimento. Dificilmente você verá alguma pessoa negativa, descrente da vida, das pessoas e de si mesmo, ser rica. Confiar e se dedicar ao próximo, se conectar com as pessoas, alimentar a positividade e a boa energia, sem dúvida, aceleram o processo.

Preencha o quadro para fazer um balanço desta subcategoria na sua vida.

O que precisa melhorar	O que já está funcionando
Liste 5 aspectos que precisam ser melhorados na sua espiritualidade	Liste 5 aspectos positivos na sua espiritualidade
1.	1.
2.	2.
3.	3.
4.	4.
5.	5.

Agora, de uma forma geral, avalie de 0 a 10 como você se sente em relação a sua espiritualidade, sendo 0 totalmente insatisfeito e 10 totalmente satisfeito. Escreva sua nota e justifique!

Vamos falar de metas para sua espiritualidade focada no enriquecimento. Defina e liste três metas (e como e quando serão cumpridas) atreladas à sua espiritualidade para acelerar sua jornada.

Ex.:

1. Parar de reclamar. Para cada reclamação, vou pagar uma multa em dinheiro para meu irmão. Ele será o juiz.	Novembro de 2018
2. Ser compreensivo com o próximo. Todo mundo que encontro está passando por suas próprias lutas.	A partir de novembro de 2018

Minhas metas e prazos:

1.	
2.	
3.	

🎬 **Veja mais em vídeo**

Acesse o canal https://www.youtube.com/MaiaraXavier e assista a alguns vídeos que separei especialmente sobre este tópico. Você vai gostar!

4 Coisas que vão te deixar mais rico e feliz – Você nem imagina quais são
https://youtu.be/riCO4leBeuU

Relacionamentos

Em Relacionamentos, vamos analisar os aspectos Vida Social, Relacionamento Amoroso e Família.

Vida social

Vida social significa a capacidade que você tem de conviver com outras pessoas em diferentes situações de forma saudável. Algumas pessoas preferem a vida social um tanto quanto agitada, como baladas, festas, vários eventos e um rico *networking*; já outras pessoas preferem receber os amigos em casa, ir ao cinema com namorado, frequentar igreja etc. Não existe certo ou errado, são apenas formas diferentes de levar a vida e tem que funcionar pra você. Como prefere se relacionar com as pessoas ao seu redor? Independentemente da maneira com que se relaciona, vida social é superimportante para uma vida rica e equilibrada.

Não dá pra crescer, enriquecer e conquistar grandes coisas nessa vida sozinho, sem contar com a ajuda e a colaboração das pessoas. Baseado nisso, entendemos que não dá pra tentar seguir a jornada de enriquecimento sem contar com uma rede de apoio. E essa rede cada um de nós é responsável por construir, por meio da nossa vida social, fazendo amizades, relacionamentos profissionais, conhecendo pessoas, alimentando essa rede.

Para que isso continue funcionando de maneira eficiente e trazendo resultados satisfatórios, não dá pra ficar acomodado somente com os contatos e amizades antigos. É necessário partir para eventos, ser participativo e ativo na arte de se relacionar. Quem não é visto não é lembrado, e isso serve demais no quesito aumentar sua rede de ricos contatos.

E mais do que nunca, sua rede de contatos precisa ser planejada. Durante nossa infância, adolescência e começo da vida adulta, os contatos são resultados dos lugares onde estudamos, das festas que frequentamos e da faculdade que cursamos. Quando entramos no mercado de trabalho, devido à correria e às responsabilidades da vida adulta, deixamos minar essa facilidade em desenvolver novos relacionamentos. Isso precisa ser reacendido e agora com estratégia. Nossa rede de contatos para enriquecimento, além de contar com os novos contatos que a vida entrega, demandará que a gente defina alvos e corra atrás. Ou seja, precisamos conquistar peças-chave para enriquecer nossa jornada.

Mas lembre-se, para desenvolver relacionamentos saudáveis, duradouros e ricos, seus alvos devem ser definidos não só com base no que a pessoa tem a te oferecer, mas também no que você pode agregar a ela. Tem que ser uma moeda de troca. E alinhar afinidades. Com toda trajetória já percorrida até aqui neste livro, você já tem bastante bagagem de autoconhecimento, portanto você precisa construir sua rica rede de contatos baseada nos seus valores e nas suas motivações. Seja você, verdadeiramente.

Bora conhecer novas pessoas e frequentar novos lugares. Tudo que é novo agrega algo à nossa maneira de encarar a vida e enxergar o mundo. É enriquecedor.

Dicas para um *networking* de sucesso:

☆ Liste os eventos que tenham a ver com seus interesses.

☆ Vá sozinho(a).

☆ Todo lugar é lugar de *networking*. Esteja aberto a conhecer novas pessoas na padaria, no supermercado, no transporte público, no parque...

☆ Tenha suas habilidades e interesses bem definidos.

☆ Demonstre interesse no que a outra pessoa está falando. Ouça com atenção. Ouça mais, fale menos. Anote palavras-chave sobre o assunto que a pessoa está falando, que te façam lembrar com mais detalhes depois.

☆ Fale com entusiasmo e firmeza sobre seus projetos e ideias.

☆ Grave o nome da pessoa. Esteja atento na hora da apresentação. Hoje em dia ninguém grava de primeira o nome, não prestamos atenção. Você fará diferente. Seu objetivo principal é gravar o nome da pessoa na primeira vez que ouvir e, durante a conversa, chamá-la assim. Se não entender, peça para repetir. Mas foque no nome dela.

Preencha o quadro para fazer um balanço desta subcategoria na sua vida.

O que precisa melhorar	O que já está funcionando
Liste 5 aspectos que precisam ser melhorados na sua vida social	Liste 5 aspectos positivos na sua vida social
1.	1.
2.	2.
3.	3.
4.	4.
5.	5.

Agora, de uma forma geral, avalie de 0 a 10 como você se sente em relação à sua vida social, sendo 0 totalmente insatisfeito e 10 totalmente satisfeito. Escreva sua nota e justifique!

_____
_____
_____
_____

Vamos falar de metas para sua vida social focada no enriquecimento. Defina e liste três metas (e como e quando serão cumpridas) atreladas à sua vida social para acelerar sua jornada.

Ex.:

1. Conhecer três novas pessoas para fazer parte da minha rede de contatos.	Até novembro de 2018
2. Participar de três eventos da minha área e focar em *networking*.	Até dezembro de 2018

Minhas metas e prazos:

1.	
2.	
3.	

Relacionamento amoroso

Obs.: *Este aspecto ou tópico é direcionado às pessoas que têm interesse em se relacionar amorosamente. Se não é seu caso, tudo bem, desconsidere e vá para o próximo!*

Como está seu relacionamento amoroso? Como é sua relação com sua parceira ou parceiro? Vocês se dão bem? Você está com alguém que te faz bem? Nosso par romântico é o sócio mais importante que teremos na vida. Já que escolhemos passar grande parte da nossa vida ao lado dessa pessoa, ela participará de todos os momentos, decisões e desafios que enfrentaremos, e é necessário ter bastante cuidado e atenção com essa sociedade. Quem escolhemos para andar de mãos dadas com a gente?

E uma coisa muito importante aqui também, como está seu amor próprio? Nosso relacionamento amoroso diz muito sobre a forma como nos vemos, como nos tratamos.

Acima de tudo, é importante estar bem consigo mesmo, ter compaixão, ser compreensivo, dar atenção e carinho à pessoa mais importante da sua vida. VOCÊ mesmo!

A sociedade do amor precisa vir para agregar valor, para ser o suporte nas horas difíceis, parceria na caminhada da vida, amizade para encarar o mundo. Tem que ser tudo aqui que você merece receber e viver. E você precisa estar ciente do seu valor.

Já parou para pensar que tipo de relação amorosa você quer ter? Não busque relacionamentos perfeitos, busque relacionamento verdadeiro, em que haja cumplicidade, parceria e um desejo mútuo de se ajudar e conquistar.

Eu já contei pra vocês sobre minha experiência num relacionamento amoroso, que por incompatibilidade de valores, nem eu nem ele conseguíamos crescer e desenvolver todo nosso potencial. Não somos pessoas ruins, apenas estávamos em conflito num relacionamento que despertava nossa pior parte e anulava o que tínhamos de melhor para entregar ao mundo. Todo relacionamento tem seus desafios. Minha sogra costuma falar: "Se no relacionamento não existe desentendimento é porque alguém está engolindo sapos". E isso não é nada saudável. Mas a gente sente quando tem alguém do nosso lado que nos ajuda a nos sentirmos bem em sermos como somos e nos incentiva a correr atrás do que queremos. Hoje eu tenho um parceiro assim. Mas nós construímos essa relação, decidimos que queríamos estar juntos e para isso enfrentamos os desafios que iam aparecendo.

Em se tratando de se relacionar com a pessoa que vai passar mais tempo ao seu lado, compartilhando todos os principais momentos, planos e desejos da vida, não estamos falando de qualquer relacionamento. Estamos falando de um dos mais importantes. Nosso par romântico pode ser nosso o maior impulsionador ou a pessoa que mais vai matar nossos sonhos. Assim como nós também com eles. E ninguém é culpado pelo que permitimos fazer com a gente.

Uma das atitudes mais empobrecedoras do mundo é aceitar ou se acomodar num relacionamento tóxico por medo ou comodidade. É como se fechássemos a porta para as oportunidades e disséssemos, *"Ahh, não quero esses desafios da vida de pessoas que enriquecem, isso dá trabalho. Vou ficar aqui na merda, é mais quentinho, confortável e conhecido".* Se você está disposto a enriquecer e o relacionamento amoroso está deficitário, aproveite para focar nisso. Se já tem um par que não está fluindo bem, foque em melhorar essa relação, empenhe-se. Se ainda não tem um parceiro, saiba muito bem o que vai procurar. E também aproveite para analisar que tipo de sócio você tem sido para seu par romântico: que impulsiona ou que afunda?

Preencha o quadro para fazer um balanço desta subcategoria na sua vida.

O que precisa melhorar	O que já está funcionando
Liste 5 aspectos que precisam ser melhorados no seu relacionamento amoroso	Liste 5 aspectos positivos no seu relacionamento amoroso
1.	1.
2.	2.
3.	3.
4.	4.
5.	5.

Agora, de uma forma geral, avalie de 0 a 10 como você se sente em relação ao seu relacionamento amoroso, sendo 0 totalmente insatisfeito e 10 totalmente satisfeito. Escreva sua nota e justifique!

_____
_____
_____
_____

Vamos falar de metas para seu relacionamento amoroso focado no enriquecimento. Defina e liste três metas (e como e quando serão cumpridas) atreladas ao seu relacionamento amoroso para acelerar sua jornada.

Ex.:

1. Todo dia vou falar para meu parceiro algo que eu gosto nele.	Todos os dias a partir de agora!
2. Listar cinco coisas importantes num relacionamento amoroso pra mim.	Dezembro de 2018

Minhas metas e prazos:

1.	
2.	
3.	

Família

Ahhh, a família! Nossa base, parte importante de quem somos. Independentemente dos amigos, relacionamentos e contatos que vamos desenvolvendo no decorrer da vida, nada substitui o significado e a importância da família na nossa formação. É de onde vem o apoio incondicional, que sabemos que não importa o que aconteça podemos contar. Quando tudo está bem em relação à família, nos sentimos seguros e confiantes; porém, quando temos algum problema familiar, isso nos afeta muito. Portanto, cuidar com amor e carinho da nossa base familiar é fundamental.

É na família que temos o primeiro contato com o dinheiro, as primeiras referências, e a quem queremos agradar, queremos provar algumas coisas, onde ganhamos os primeiros registros nas nossas caixinhas e tudo mais. Então, o termo "família" vem um tanto quanto carregado no sentido de finanças. Temos as principais referências de dinheiro e sucesso aqui, no ciclo familiar.

A família nos acompanha durante toda nossa vida. Por isso, é necessário aprender a lidar da melhor maneira com essa relação. Família só temos uma, a que nos criou e na qual desenvolvemos nossos principais laços; precisamos tratar as questões familiares com carinho e estando abertos a evoluirmos nas questões pendentes. Isso com certeza nos ajudará na jornada de enriquecimento.

É hora de encarar o medo da desaprovação, não ter receio de conversar e expor suas opiniões e de enfrentar as crenças limitadoras herdadas da família em relação a prosperidade. Isso é acolher a família sem deixar de lutar pelos seus ideais.

Preencha o quadro para fazer um balanço desta subcategoria na sua vida.

O que precisa melhorar	O que já está funcionando
Liste 5 aspectos que precisam ser melhorados na sua relação com a família	*Liste 5 aspectos positivos na sua relação com a família*
1.	1.
2.	2.
3.	3.
4.	4.
5.	5.

Agora, de uma forma geral, avalie de 0 a 10 como você se sente em relação à sua família, sendo 0 totalmente insatisfeito e 10 totalmente satisfeito. Escreva sua nota e justifique!

_____
_____
_____
_____

Vamos falar de metas para sua relação com a família focada no enriquecimento. Defina e liste três metas (e como e quando serão cumpridas) atreladas à sua relação com a família para acelerar sua jornada.

Ex.:

1. Ser mais paciente com meus irmãos e diminuir drasticamente as discussões.	A partir de novembro de 2018
2. Passar mais tempo com minha mãe; ir visitá-la todo sábado.	A partir de dezembro de 2018

Minhas metas e prazos:

1.	
2.	
3.	

Anotações:

Você pode enriquecer?

Quando a gente decide que quer realizar algum grande objetivo, além de todos os outros pontos a serem alinhados, um fator importante que vai determinar o sucesso ou o fracasso da missão é acreditar que é capaz de alcançar aquilo que se deseja. De nada adianta definir vários lindos objetivos, querer realizar e conquistar grandes coisas, se não se estruturar para suportar a caminhada até lá. "O que você está querendo dizer com isso, Mai, tô confuso!"

Eu quero dizer que, se você não achar que pode, você não pode!

É muito comum escutar de pessoas que elas não desejam ser ricas, que elas não querem ser milionárias, querem só o suficiente para viverem bem. Essas pessoas nem ousaram definir como meta ter muito muito muito dinheiro, porque não acreditam que podem e têm medo das frustrações e do fracasso.

E outras pessoas até assumem que gostariam de ser milionárias, porém por não conseguem atrelar sua realidade ao objetivo, não acreditam que conseguem e esse objetivo se quebra no meio do caminho.

Você só se determina pra realizar algo se você realmente acredita que é capaz de chegar lá. Se você conquista algo grande, que queria muito, é porque acreditou na maior parte da jornada de que era capaz e merecedor de chegar lá e usufruir dessa conquista.

Se decidiu ler este livro, é porque pelo menos interesse em ter uma vida abundante você tem.

Mas quero ser mais direta e lhe fazer essa pergunta: Você acredita, de verdade, que pode se tornar um milionário?

Eu te digo que, enquanto você não responder positivamente a essa pergunta com toda convicção do mundo, sua jornada pode ser mais longa e de mais altos e baixos do que se espera. A força que lhe fará permanecer firme vem muito dessa convicção de que você pode e merece.

O desejo de realizar vem antes do como. Não estou perguntando nesse momento como você irá conquistar esse milhão. Estou apenas perguntando se você sente esse desejo de se tornar um milionário.

É necessário encontrar ou fortalecer esse desejo aí dentro para que os próximos passos sejam dados, livrando-se de todos os registros da sua caixinha, sem ficar pensando, analisando e julgando... apenas sentindo. Imagine como seria a sua vida se tivesse muito dinheiro.

Feche os olhos e ouça este áudio:

Como se sente...
https://goo.gl/3fcn9H

Se não conseguir ou não tiver a possibilidade de ouvir o áudio anterior, imagine a sua vida após ler os próximos parágrafos e reflita por alguns instantes...

> *Imagine como seria se tivesse dinheiro pra ter a casa dos sonhos. Decorada do jeito que vê nas fotos dos perfis de arquitetura e decoração nas redes sociais, com o conforto e a tranquilidade que merece. Como seria se tivesse dinheiro para viajar quando bem entendesse, pra onde quisesse, mais do que uma vez ao ano?*
> *Como seria se seu dinheiro se multiplicasse diariamente sem você ter que fazer mais nada?*
> *Se não tivesse mais que se preocupar em pagar as contas, se tivesse dinheiro suficiente pra comprar as coisas que quer e precisa, como seria?*
> *Imagine-se agora num lugar paradisíaco, você deitado à beira de uma piscina, tomando um suco e pegando um solzinho, sem nenhuma preocupação, sem horário pra nada, apenas ali curtindo o momento. Como você se sente?*

Após a reflexão de olhos fechados, respire fundo e vá aos poucos abrindo os olhos...

Ainda imaginando como seria essa vida de muito dinheiro, quero que responda: Você deseja com todas as suas forças conquistar muito dinheiro?

Beleza, isso é parte da jornada!

Vamos assinar um termo de compromisso, então? Um termo de compromisso com você mesmo e eu de testemunha!

📷 Desafio do clique

Para confirmar minha participação nesse compromisso, tire uma foto do seu termo assinado e me mostre no Instagram da Mai @aricasimplicidade.

Meu compromisso de enriquecimento

Eu _____ serei um(a) milionário(a). Comprometo-me a conquistar meu R$ 1.000.000,00 até o ano de _____.

Assumo a responsabilidade pelas minhas escolhas e estou disposto a encarar o desafio com determinação. Eu posso. Eu consigo. Eu vou.

Riqueza, coloquei aqui o valor de R$ 1.000.000,00 para seu compromisso, porque é uma conquista marcante em relação às finanças. E um valor do qual as pessoas têm medo.

Em se tratando de riqueza, o valor de cada pessoa é relativo. E aqui neste capítulo vou te ajudar a descobrir o seu valor ideal. Mas o seu compromisso está assumido, e sua busca rumo ao seu milhão começa aqui.

Meu primeiro milhão

Imagino que você ficou no mínimo curioso em saber sobre o meu primeiro milhão. Por isso vou contar como andam as coisas por aqui. No momento em que escrevo este livro (meados de 2018), ainda não tenho meu milhão de reais investidos. Deixa eu contar o porquê. E não são desculpas, viu?! Apenas fatos. Eu ainda não alcancei meu primeiro milhão pelas escolhas que fui fazendo ao longo da vida.

Depois que eu liquidei minhas dívidas, lá em 2012, eu estava de saco cheio de me privar tanto e de não conseguir cuidar de mim. Porque desde que tinha vindo a São Paulo, tudo tinha sido prioridade na minha vida, menos eu. Já haviam se passado quatro anos e muita coisa tinha acontecido. Meu objetivo de independência financeira foi perdendo posições ao decorrer dos fatos na minha vida. Os três primeiros anos, desde a leitura do livro *Mulher Rica*, foram focados nisso e obtive muitos resultados. Mas com o casamento financeiramente fracassado, muita coisa mudou na minha cabeça, foram muitas situações difíceis e as prioridades mudaram. Quando eu consegui conquistar meu equilíbrio financeiro novamente, em que não devia mais nada e o que eu ganhava cobria meus gastos, eu resolvi que daria um pouco de atenção a mim.

Então me dediquei a alguns cuidados pessoais, a lazer, a comprar algumas coisinhas e viver um pouco mais. É supernormal, quando a gente está em busca de alguma mudança na vida, irmos de um extremo ao outro, até encontrar o equilíbrio. Então eu fui de consumista para uma pessoa que não gastava quase nada. Depois fui de endividada para uma pessoa que queria aproveitar a vida.

Fui morar com meu namorado na época (hoje meu marido), alugamos uma kitnet bem baratinha no centro de São Paulo, e lá aprendemos a trancos e barrancos como nos relacionar, e nessa época era cada um por si. Cada um cuidava do seu próprio dinheiro. Ele também não tinha educação financeira. Não tinha um tostão guardado e tudo que ganhava gastava com coisas que ele gostava de fazer. Começamos bem, com os custos super-reduzidos e sem dívidas. Os dois com empregos e salários dentro da média. Eu estava na *vibe* de curtir e aproveitar a vida. Nessa mesma época realizamos alguns sonhos, passamos o *réveillon* em Nova Iorque, coloquei meu tão sonhado silicone e decidimos morar fora do país. Tínhamos dinheiro pra fazer todas essas coisas, porque não estávamos investindo em nada pensando no nosso futuro. É como se eu tivesse ficado meio ressabiada com tanta privação que tive durante os anos anteriores.

Até que fomos morar em Melbourne, na Austrália, em março de 2014. Ahhh, esse intercâmbio foi o melhor investimento que fiz na minha vida. Me trouxe tanta, mas tanta coisa boa, que nem sei explicar.

Mas, pra resumir, só lá, do outro lado do mundo, oito anos depois de ler o livro *Mulher Rica*, seis anos depois de ter chegado em São Paulo, cinco anos depois do divórcio e quatro anos depois de liquidar minhas dívidas, que eu comecei a juntar dinheiro novamente com o objetivo de alcançar minha independência financeira.

Em 2014 e 2015 juntamos uma grana por lá, começamos a nos unir financeiramente falando, voltamos em 2016 para São Paulo e passamos um ano e meio com nossa reserva e um salário que pagava só o necessário.

Um ano e meio investindo para construir minha empresa, realizar outro grande sonho, o sonho que me fez arrastar o marido de Melbourne e voltar para o Brasil em meio a uma das maiores crises políticas e financeiras já enfrentadas por aqui. Eu queria montar minha empresa, trabalhar de vez com o que amo.

O que posso dizer sobre meu primeiro milhão é: que a vida é uma caixinha de surpresa e a gente tem que tentar lidar com os desafios e as mudanças da melhor maneira possível. E a melhor maneira de lidar com tudo isso é fazendo o que somos capazes de fazer naquele momento.

Eu vivi coisas que me fizeram tomar as decisões que tomei. Não me arrependo de absolutamente nada. Nada mesmo, Riqueza, sendo bem sincera. A única coisa que às vezes penso é que eu acredito que sempre poderia ter arriscado mais. Mas, se não fiz, é porque não sabia fazer.

Eu poderia ter meu milhão já? Com tudo que venho estudando e praticando, imagino que sim, teria sido tempo suficiente. Mas minha vida teria que ter seguido uma linha reta e constante. Se tivesse sido mais estável nos relacionamentos, na carreira, na vida... Se eu tivesse começado lá em 2006, quando li o livro aos 19 anos e nunca mais tivesse perdido o foco, hoje com certeza eu já seria milionária.

Mas eu não teria a história que tenho, da qual me orgulho muito.

Se eu contabilizar, são apenas dois anos líquidos juntando dinheiro de verdade, novamente. Há um ano posso dizer que realizei meu sonho de viver do que amo, de ajudar pessoas como você a encarar a vida financeira de uma forma mais saudável, sem culpas, cobranças, sem medo e com muita ousadia.

É assim que venho encarando tudo isso, aprendendo a cada dia, e superdeterminada a alcançar meu milhãozinho lindo, que terá um gosto muito especial e será fruto desse trabalho que venho desenvolvendo com tanto amor e dedicação. E você saberá quando isso acontecer.

As pessoas me perguntam prazo, e como eu sempre falo, para uma meta isso é megaimportante. Por isso, defini o ano de 2022!

Mas devo te confessar, não estou encanada com esse valor, desejosa sim, com certeza, mas eu estou curtindo minha jornada, vivendo as oportunidades e confiante de que minhas escolhas me levarão até essa conquista.

Dessa vez estou buscando de uma forma mais leve, em busca da consistência.

Eis aqui meu relato resumido da minha relação com o marco de R$ 1.000.000,00.

Vamos falar de números

Quanto preciso juntar, quanto preciso economizar e em quanto tempo consigo isso? Todas essas perguntas devem estar aí rondando a sua mente. Vamos falar um pouquinho sobre isso agora. Como saber o montante necessário para nos permitir viver a liberdade financeira, quanto é necessário juntar por mês para chegar lá e a taxa de juros a ser buscada?

Eu vi esse cálculo a primeira vez em um livro do Gustavo Cerbasi e depois adaptei com dicas do André Bona.

PNIF* = [Gasto médio Anual da família/rentabilidade líquida anual de investimentos]

*Patrimônio Necessário para Independência Financeira

Essa é a fórmula compartilhada pelo Gustavo Cerbasi. Um exemplo, na prática, utilizando essa fórmula, pra você encontrar o gasto médio anual da família: é necessário multiplicar o custo médio mensal por 12. Então, se seu custo mensal é R$ 3.000, seu gasto médio anual da família é R$ 36.000. É esse valor que vamos colocar na fórmula. Já sobre a rentabilidade, ele usa muito como exemplo uma rentabilidade líquida, ou seja, já livre de todos os impostos e taxas, cerca de 8% ao ano atualmente. Uma média de 0,64% ao mês.

Com esses valores, a fórmula ficaria assim:

PNIF = 36.000/0,08
PNIF = R$ 450.000,00

O montante necessário para quem quer cobrir os custos de R$ 3.000,00 mensais, submetidos a 8% de rentabilidade líquida ao ano, é de R$ 450.000,00.

O problema é que dessa forma o seu dinheiro vai perdendo valor, porque, ao se aposentar e depender dos seus investimentos, você para de alimentar seu montante e começa a usufruir de toda a rentabilidade. Ou seja, daqui a cinco anos, até mesmo pela inflação, os seus custos não serão só R$ 3.000,00 e se você não mexer no montante ou na rentabilidade, começa a comer seu patrimônio, pegar parte dos R$ 450.000,00, e aí já viu, não vai dar boa coisa.

Por isso mexemos um pouco na fórmula, para que seu patrimônio e seu poder de compra estejam protegidos.

Olha como fica:

PNIF = 36.000/0,04 ← Agora, aplicamos a metade da rentabilidade!
PNIF = R$ 900.000,00

O montante saudável a ser definido como meta dobra, para garantir sua total liberdade financeira. Viu que, nesse caso, se uma pessoa só quer pagar as contas ela não precisaria nem alcançar um milhão?

Esses valores vão mudando de acordo com os custos mensais da família. Se a família tem um custo mensal de R$ 5.000,00, o valor a ser alcançado é esse:

PNIF = 60.000/0,04
PNIF = R$ 1.500.000,00

Isso daqui é partindo do princípio de que você só dependerá dos rendimentos do seu patrimônio investido. O que é o mais seguro e garantido.

Mas, caso você possa contar com alguma outra fonte de renda na aposentadoria, como sua aposentadoria tradicional, a do governo, pode abater o montante.

Ex.: A família tem o custo de vida de R$ 6.000,00 por mês. Os pais conseguirão uma aposentadoria do governo no valor de R$ 4.000,00. O objetivo com seus investimentos é conseguir pelo menos o montante necessário para cobrir o valor excedente, que seria R$ 2.000,00.

PNIF = R$ 24.000/0,04
PNIF = R$ 600.000,00

Um patrimônio líquido de R$ 600.000,00, sob uma rentabilidade de 8% ao ano, permitirá que essa família tenha os R$ 2.000,00 complementares e ainda assim mantenha seu patrimônio crescendo.

Aplique aqui sua fórmula e descubra seu montante necessário:

PNIF = _____/0,04
PNIF =

Tenha em mente esse valor!

Três pilares

Bom, agora que você já assumiu seu compromisso com sua conquista, vamos começar a estruturar suas finanças para isso, com base em três pilares: Viver dentro das suas possibilidades, aumentar sua renda e investir seu dinheiro. Esses três movimentos juntos potencializam seus resultados. Vamos ver cada um deles com mais atenção.

Viver dentro das suas possibilidades

Você já deve ter ouvido algumas vezes a frase que diz o seguinte: "Não importa quanto você ganha e sim quanto você gasta". Há outra parecida que é boa também: "Não é sobre quanto dinheiro você faz, e sim sobre quanto dinheiro você guarda". E é sobre essas frases que vamos conversar aqui. O primeiro pilar é sobre aprender a organizar as finanças dentro das suas próprias possibilidades. Responda o teste a seguir para descobrir como está sua relação com suas economias.

Responda **Verdadeiro** ou **Falso** para cada afirmação.

Eu trabalho muito, mas nunca tenho dinheiro.	
Eu não tenho um plano para economizar regularmente.	
Não sei se terei dinheiro suficiente na minha aposentadoria.	
Se eu perco meu emprego, só tenho dinheiro para viver no máximo por três meses.	
Quando eu tenho pequenas emergências (ex.: conserto do carro, e na casa, com remédios), uso meu cartão de crédito.	
Eu não tenho economias pensando na educação dos meus filhos.	
Eu devo dinheiro para amigo/familiar.	
Quando faço uma compra grande, como uma geladeira nova, sempre parcelo.	

Se marcou "verdadeiro" para a maioria das afirmações, você não está vivendo dentro das suas possibilidades, deixando áreas da vida de extrema importância sem suporte. Com certeza isso está prejudicando sua jornada de enriquecimento e retardando resultados.

Seu dinheiro está no comando da sua vida. Vamos aprender não só a não gastar mais do que ganhamos, mas também a viver em harmonia com todas as nossas necessidades.

Um grande problema que as pessoas enfrentam hoje em dia é tentar viver uma vida que não têm condições. Por vários motivos, como por exemplo, pelo o que é vendido na mídia, pelas blogueiras de estilo de vida que vendem uma vida como se fosse possível e acessível pra qualquer um, pela necessidade de autoaprovação, de pertencer a um determinado grupo social, por estresse, depressão, solidão (aqui entra uma extensa lista de doenças emocionais que nos afligem cada dia mais)... Resumindo: por inúmeras influências tendemos a buscar uma vida que não se encaixa na nossa realidade.

Perdemos a noção da conquista. O acesso às coisas e ao crédito tirou de nós o processo de planejar, conquistar, cultivar... hoje em dia ter é a coisa mais "fácil" do mundo e nunca tem fim. Quanto mais temos, mais queremos.

Houve uma época em que as conquistas vinham por mérito. Passava-se um ano tirando boas notas, comportando-se em casa para que no fim do ano a tão sonhada bicicleta aparecesse no natal. O significado das conquistas e a importância do processo eram valorizados. Hoje em dia existe o financiamento!

Para enfrentarmos melhor os dias atuais, precisamos entender algumas coisinhas:

1 – As meninas blogueiras são garotas propagandas de muitas e grandes marcas. O que elas têm e conquistaram foi através de seus trabalhos. O que vivem não é uma vida de uma pessoa normal que trabalha num escritório, por exemplo. Elas ganham muitos produtos, ganham dinheiro para mostrar o que usam e, portanto, não dá pra nem tentar acompanhar esse ritmo.

2 – O mesmo ocorre com as blogueiras de saúde e bem-estar. Desejar aquele corpo e estilo de vida é incompatível se você não ganha dinheiro para passar o dia todo malhando e comendo grãos variados. A pessoa ganha para viver fazendo o que faz. E aí as pessoas ficam frustradas porque não conseguem malhar todos os dias.

3 – O estilo de vida do seu primo não é o seu. Se ele troca de celular e carro todo ano, se ele viaja pra Miami a cada seis meses, não necessariamente você tem que fazer o mesmo, especialmente se seu estilo de vida não permite e todas essas coisas não estão na sua lista de prioridades.

Quando o bichinho da comparação social bater à sua porta, não o deixe entrar e corra para este livro, especialmente no capítulo "QUEM VOCÊ É".

4 – Você não tem que ser nada além do que ser você de verdade. Tem que cagar (por mais difícil que isso seja e, por favor, não é no sentido literal da palavra!) para a opinião das pessoas que te criticam, que de alguma forma te cobram para ser ou fazer o que não pertence aos seus valores nesse momento. E viver dentro das suas possibilidades financeiras é um valor importante a ser seguido.

Um pequeno texto sobre crítica

Hoje quero falar um negócio que é o seguinte: se você está tentando sair da rotina, fazer diferente, inovar e não tem ninguém te criticando por isso, tem alguma coisa errada por aí.

Um dos grandes inimigos para sairmos da zona de conforto e tentar coisas novas é o medo da crítica, de errar, de não agradar...

Muitas ideias maravilhosas e muitas vidas extraordinárias não estão sendo vividas porque as pessoas estão com medo ou até tentam um pouco e, quando são criticadas, desistem. A parte ruim é que não dá pra evitar, vão criticar. Quanto mais ousada sua ideia e sua postura, maior as chances de críticas. O mundo não quer isso. O mundo quer que todo mundo fique quentinho, abraçadinho na merda.

Enquanto tá todo mundo sendo mediano, fazendo mais ou menos, fazendo só o necessário, fazendo um pouquinho, fica todo mundo feliz de mãos dadas, fica "tudo bem". A partir do momento em que um desses resolve se sobressair, se destacar, enfrentar, discordar... qualquer coisa que saia da manada, o que vai acontecer? Vai ser alvo de críticas e julgamentos.

Na maioria das vezes, não quer dizer que a ideia não seja boa, as pessoas da manada não costumam avaliar a qualidade, apenas estão incomodadas com sua atitude de se mexer e de se destacar. Por isso, eu te pergunto: o que você escolhe fazer? Viver a vida medíocre abraçadinho na manada ou se destacar e viver uma vida extraordinária?

5 – Não tenha medo de ser quem você é. Ame-se e tudo ao seu redor se ajeitará. Em primeiro lugar, quem tem que se aceitar é você mesmo.

6 – As coisas precisam ter significado pra nós e não só suprir uma carência emocional ou um desejo de consumo. Precisamos dar sentido a tudo que entra nas nossas vidas e não continuar tendo desejo apenas de ter ou possuir. Entender que toda nossa decisão de compra impacta muito mais do que só comprar, pagar e levar.

Agora, que tal recuperarmos um pouco do gostinho pela conquista? Aplique a lei da recompensa. Só se presenteie depois de conquistar algo. E se presenteie sim, após uma conquista.

☆ Conseguiu diminuir 10% do custo do seu orçamento? No primeiro mês, pegue 5% e saia para almoçar.
☆ Atingiu o rendimento estipulado nos investimentos? Pegue uma pequena parte e invista num passeio, o restante reinvista.
☆ Concluiu com louvor mais um projeto profissional? Dê-se um presentinho.
☆ Foi promovido? Hora de preparar um jantar e reunir a família para comemorar!

Enquanto consumimos, estamos alimentando uma cadeia enorme de produção, de trabalhadores, de valores... seus hábitos de consumo estão alinhados aos seus valores? O que suas decisões de compra têm alimentado? Cada coisa que você compra é mais um lixo gerado, pode ter sido testado em animais, eles podem ter morrido por isso, pode ter trabalho escravo por trás... Não é uma simples compra, podemos ser responsáveis por inúmeras questões que, se nos perguntarem no dia a dia, iremos abominar. Mas o que temos feito para resolver isso?

Vou aproveitar e te fazer uma pergunta. Você é do tipo de pessoa que compra produtos piratas? Que compra produtos contrabandeados? Lamentavelmente, a grande maioria das pessoas faz isso. E sempre tem um bom argumento, especialmente para falar que os impostos no Brasil são absurdos, que é um absurdo o custo de vida aqui e que as coisas são muito caras etc. Mas será que essas pessoas acreditam mesmo que comprando "mais barato" os pirateados e contrabandeados estão fazendo uma coisa boa para nosso país? É o tipo de atitude que está alimentando uma cadeia enorme de tráfico de drogas, armas e até mesmo de pessoas.

Não vou ser hipócrita de dizer que nunca tive esse pensamento. Já comprei produtos piratas e esse era meu argumento: "Ah, porque vou gastar uma baita grana com um desses se posso ter vários pelo mesmo valor?".

Uma atitude completamente egoísta, eu sei. E de novo, a tentativa de viver uma vida além das minhas possibilidades. Porque, se eu não tenho dinheiro para pagar o preço, eu não tenho que comprar algo no mercado negro só para alimentar meu desejo de consumo, desconsiderando o tanto de coisas ruins que meus R$ 10 serão capazes de fazer ao comprar aquele produto.

As pessoas se sentem idiotas no Brasil por fazer a coisa certa, e eu sei bem que não é nada fácil viver dentro das regras. Pagamos altos impostos, temos políticos corruptos, uma enorme desigualdade social no nosso país. Mas não é fazendo algo errado que vamos resolver todos esses problemas. Pelo contrário. Ao fazermos isso, nada nos diferencia dos nossos governantes. É que agora o que temos ao nosso alcance é a compra de produtos contrabandeados, mas quem garante que, se tivéssemos a oportunidade de ocupar um cargo público de prestígio, também não seríamos corruptos?

Somos corruptos no dia a dia, quando não devolvemos o troco a mais que nos foi dado na farmácia, quando não avisamos que nos cobraram a menos na padaria, quando jogamos um papelzinho de bala no chão porque não tinha lixo perto ou porque era só um papelzinho. Quando passeamos com nossos bichinhos e não recolhemos a caca que eles fazem... estamos cada dia mais pensando só na gente e criando um mundo terrível de se viver.

O carregador de celular

Vou compartilhar uma experiência em relação a essa situação de alimentar um mercado ilegal. Bom, primeiro, como eu te disse, sim, já fui o tipo de pessoa que achava normal fazer esse tipo de compra, e de verdade espero nunca mais ser, mas é diariamente uma escolha.

Estou cursando MBA na Fundação Getulio Vargas. Esse curso só tem fora de São Paulo capital, por isso me matriculei numa unidade em Santo André, cidade vizinha de São Paulo. Por morar relativamente perto do metrô, utilizo o transporte público para ir e vir. Minhas aulas são aos sábados. E num desses fins de semana de aula, eu acabei esquecendo meu carregador de celular sexta-feira no escritório. Seria possível passar o fim de semana inteiro sem bateria no celular? Sim, seria, até um *detox* tecnológico importante, mas não era o caso, eu tinha várias coisas para resolver, e o celular carregado era importante. O quão grande não foi minha surpresa quando no metrô a caminho da faculdade entra um cara vendendo o carregador Samsung (era o meu) por apenas R$ 10. Eu quase nunca tenho dinheiro na carteira, mas nesse dia específico eu tinha os benditos R$ 10. Na hora me deu uma vontade imensa de comprar, eu fiquei pensando: Que cômodo, já estou aqui, preciso desse carregador, tenho os R$ 10 já resolvo tudo isso agora. Senão terei que ir em busca desse carregador depois da aula, cansada, perdendo tempo etc.

Pois bem... eu não comprei! Foi uma luta interna, mas há alguns anos eu decidi ser o mais correta possível, fazer minha parte no que eu puder. E pra isso tem um custo, não é fácil ser correto no Brasil. Mas também isso é uma desculpa bem confortável que gostamos de dar para justificar nossa falta de capacidade de fazermos o que precisa ser feito.

Na volta da aula, passei numa lojinha dentro da estação do metrô, dessas que vendem coisas para celular. Não tinha o tal carregador, a moça disse

> que fazia uns cinco minutos que um rapaz tinha levado o último. Decidi ir até o bairro Liberdade, que é perto da minha casa, procurar um carregador, paguei mais um transporte (R$ 4), gastei mais tempo e comprei o carregador numa loja por R$ 30.

Espero que você não seja o tipo de pessoa que me chama de trouxa. Porque, sinceramente, em nenhum momento me senti assim, eu tenho orgulho dessa história, e com ela eu entendo as pessoas que decidem ir pelo caminho mais fácil e assim acabam fazendo coisas erradas. Mas não justifica. A gente constrói a vida que tem e eu quero ser extremamente responsável pelo que colho. Se não é legal e eu faço, estou fora da lei. Tudo isso pra te dizer que nem sempre será fácil viver dentro das suas possibilidades financeiras, que isso, como tudo na vida, é questão de escolhas e diariamente somos testados com ofertas tentadoras, mas, se você não estiver alinhado com seus valores, centrado nos seus objetivos, dificilmente irá resistir. O trabalho é constante, mas é muito mais recompensador ter a consciência tranquila e a conta bancária no azul.

Outra coisa, quando eu digo pra você viver dentro das suas possibilidades financeiras, não estou falando para se conformar com a vida que tem e não desejar nem buscar melhores condições. De jeito nenhum, jamais te falaria isso. Simplesmente porque é ao contrário. Você tem sim que desejar ser cada vez mais, conquistar mais e crescer na vida. A questão é que, enquanto você busca alcançar suas metas, existe uma vida a ser mantida, uma base que precisa estar estruturada.

Então, como você pode fazer isso? Vamos fazer aquela análise inicial para identificar seu cenário financeiro atual.

1. Diagnóstico financeiro

Na próxima semana, você se dedicará a analisar seus hábitos de consumo e o custo mensal disso tudo. Quanto custa seu mês?

Fazer esse trabalho nem sempre agrada as pessoas, mas a dificuldade está em começar, porque os benefícios são inúmeros e você já começa a sentir resultado durante o processo. Depois de deixar tudo em ordem, não é necessário refazer isso, a manutenção é muito mais simples. Então, se você não está com esse mapa da sua vida financeira claro aí, é necessário começar com o diagnóstico.

O que você precisará para esse processo:

☆ Tire um extrato das suas contas bancárias, TODAS dos últimos 30 dias.
☆ Junte as últimas três faturas de TODOS cartões de crédito.
☆ Por 30 dias, você anotará todos os seus gastos, seguindo o modelo de tabela do Desafio.

Desafio: Descubra para onde está indo seu dinheiro

Dia: Item	Data: Custo	Dinheiro desperdiçado? (■ para sim)	Por que foi desperdício?
1		☐	
2		☐	
3		☐	
4		☐	
5		☐	
6		☐	
7		☐	
8		☐	
9		☐	
10		☐	
11		☐	
12		☐	
13		☐	
14		☐	
15		☐	
16		☐	
17		☐	
18		☐	
19		☐	
20		☐	
21		☐	
22		☐	
23		☐	
24		☐	
25		☐	
26		☐	
27		☐	

Dia:	Data:	Dinheiro desperdiçado? (■ para sim)	Por que foi desperdício?
Item	Custo		
28		☐	
29		☐	
30		☐	

Total de dinheiro desperdiçado no dia (Custo total dos itens assinalados) =

A matemática de pra onde está indo meu dinheiro:

Valor desperdiçado por um dia = _____

Valor desperdiçado por um mês = _____ (Valor x 30)

Valor desperdiçado por um ano = _____ (Valor x 365)

Valor desperdiçado por dez anos = _____ (Valor x 3.650)

Exemplo de aplicação para um dia:

Desafio: Descubra para onde está indo seu dinheiro

Dia: 01	Data: 17/10/2018	Dinheiro desperdiçado? (■ para sim)	Por que foi desperdício?
Item	Custo		
1 – Pão de queijo na padaria	R$ 4	■	Saí atrasada, não tomei café em casa
2 - Gasolina no carro	R$ 80	☐	
3 – Chocolate na cantina do trabalho	R$ 6	■	Esqueci de pegar meu lanche
4 – Almoço	R$ 16	☐	
5 – Tupperware	R$ 37,90	■	Comprei por impulso
6 – Compras de comida no mercado	R$ 67	☐	
7 – Estacionamento	R$ 10	☐	

Total de dinheiro desperdiçado no dia (Custo total dos itens assinalados) = R$ 47,90

A matemática de pra onde está indo meu dinheiro:

Valor desperdiçado por um dia = R$ 47,90

Valor desperdiçado por um mês = 47,90 x 30 = R$ 1.437

Valor desperdiçado por um ano = 47,90 x 365 = R$ 17.483,50

Valor desperdiçado por dez anos = 47,90 x 3.650 = R$ 174.835

Com esse desafio, é possível perceber que aqueles R$ 47,90 desperdiçados em um dia não são só inofensivos ao seu orçamento, pelo contrário, significam R$ 17.483,50 no seu ano se em média todo dia tivesse o mesmo desperdício. Por isso, é importante fazer o exercício por um mês. Os resultados vão te surpreender!

Ou seja, dá pra acreditar nisso? Sim, e as pessoas ainda me dizem que não têm dinheiro pra guardar! Ai, ai, ai, viu?! NÃO MENOSPREZE OS PEQUENOS GASTOS. Se quiser utilizar esse modelo, você pode baixar o PDF aqui:

Desafio - Descubra para onde está indo seu dinheiro
https://goo.gl/xCkhdJ

Com o resultado desse diagnóstico, você conseguiu visualizar seus principais custos variáveis e seus hábitos de consumo. Faça agora um cruzamento desses gastos com os que encontrou nos seus extratos e nas faturas de cartão. Para ajudar a fechar quanto custa seu mês, liste seus custos fixos, ou seja, aqueles que, independentemente do que aconteça, mês após mês estarão lá. Isso quer dizer:

- ☆ Aluguel/parcela do apartamento
- ☆ Mercado
- ☆ Conta de internet
- ☆ Conta de luz
- ☆ Condomínio
- ☆ Celular
- ☆ Netflix

- ☆ Gás
- ☆ Água
- ☆ ...

No capítulo "COMO CHEGAR LÁ", falaremos melhor dessa organização e te ajudarei a fazer isso de uma forma simples e prática. Mas as atividades se complementam, por isso todo conteúdo deste capítulo é peça-chave para todos os outros passos.

Qual seu poder financeiro mensal?

Agora, é chegado o momento de levantar qual a sua receita mensal. Quanto dinheiro entra no seu bolso ou na sua conta bancária, melhor dizendo, por mês? Muitas pessoas, principalmente autônomas, gostam de ignorar algumas fontes de renda ao montar seu orçamento por dar a sensação de que sobra dinheiro todo mês e aí se permitem gastar mais. Esses truques financeiros até podem parecer inofensivos e divertidos, mas com certeza possuem um grande peso no seu processo de enriquecimento. Quem tem organização financeira e controla seu dinheiro não precisa se enganar para usufruir dos benefícios financeiros.

Para quem tem carteira assinada é importante acompanhar o holerite, porque o que importa aqui é o salário líquido, o dinheiro que efetivamente entra na sua conta depois de descontar IR, INSS, plano de saúde e tudo mais. Porque é esse dinheiro que você tem disponível para controlar todos os meses.

Se você é autônomo, aí a atenção precisa ser redobrada, porque, dependendo da frequência e quantidade que você recebe, é preciso ficar de olho para entender tudo que chega de verdade até as suas mãos.

Esses dois números, quanto custa seu mês e qual seu poder de ganho, servem como base de um orçamento de sucesso.

Qual sua realidade financeira?

Você já levantou seus custos variáveis e seus custos fixos? Os dois juntos significam seu custo mensal! Para descobrir sua riqueza ou pobreza, vamos fazer o seguinte cálculo:

Total das minhas receitas mensais − Total dos meus gastos mensais = riqueza mensal ou pobreza mensal

Se seu resultado for positivo, parabéns! Você vive dentro das suas possibilidades financeiras e merece uma estrelinha de bom/boa aluno(a).

Se seus custos estão ultrapassando suas receitas, seu resultado será negativo e você terá ali o valor mensal da sua pobreza. E aí é hora de arregaçar as mangas e fazer o orçamento caber nas suas possibilidades.

2. Controle os excessos

Sabendo pra onde está indo seu dinheiro e entendendo seus hábitos de consumo, fica muito mais fácil dar os outros passos. Agora que você já sabe onde está sua maior fraqueza financeira, é hora de tratá-la.

Para fazer caber sua realidade no seu bolso é preciso pegar tudo que você conseguiu identificar no diagnóstico em excesso e cortar o que é possível, reduzir o que pode ser reduzido e substituir o que der. A ideia é realmente fazer o que for preciso para seu orçamento funcionar e você não continuar servindo de escravo para ele.

Para enriquecer, é preciso controlar seu dinheiro e não deixar que ele comande sua vida. Como você pode ver no cálculo anterior, para seu processo de enriquecimento funcionar, é preciso gastar menos do que se ganha.

Então, bora aplicar técnicas de consumo consciente e fazer melhores escolhas a partir de agora.

Toda vez que estiver diante de uma decisão de compra, faça a si mesmo essas perguntas:

1. Essa compra me deixa mais perto ou mais longe dos meus objetivos?
2. Eu preciso mesmo disso ou compro só pelo fato de comprar?
3. Estou num bom dia para compras ou estou cansado(a)/estressado(a)/triste/na TPM?
4. Posso esperar até amanhã?
5. Esse estabelecimento/marca está de acordo com os meus princípios?
6. Por quanto tempo essa compra vai me deixar feliz?
7. Posso me arrepender se levar?

🎬 Veja mais em vídeo

Acesse o canal https://www.youtube.com/MaiaraXavier e assista a alguns vídeos que separei especialmente sobre este tópico. Você vai gostar!

5 Dicas para nunca mais faltar dinheiro – Todo mundo pode fazer
https://youtu.be/zfR2ofZBosM

4 Itens que você não deve ignorar ao criar seu orçamento
https://youtu.be/k1Mo5YBYuHg

6 Dicas para economizar no dia a dia!!!! Incluindo combustível
https://youtu.be/gskUFGLoRNQ

5 Dicas para começar um detox de compras
https://youtu.be/XlWeDEdykLc

Aumentar sua renda

O segundo pilar é turbinar suas entradas. Você já encaixou seus gastos dentro da sua realidade financeira. Isso é ótimo. A partir de agora é turbinar tudo que entra. Mas existe um grande segredo de enriquecimento aqui, e eu vou te contar qual é: Você não deve aumentar seu custo de vida proporcionalmente aos seus ganhos! Quanto mais degraus separam seus ganhos das suas receitas, mais rápido é seu enriquecimento.

Portanto, se você conseguiu empatar os custos com as receitas, você precisa primeiro subir dois níveis suas receitas para aí começar a pensar em aumentar os gastos mensais. Vou te mostrar num exemplo para facilitar.

Vamos supor que Estela ganha R$ 2.000 líquidos (depois de descontar todos os impostos) e conseguiu encaixar seus gastos justinhos no salário, por isso tem um custo mensal de R$ 2.000.

Estela resolveu seguir os conselhos da Mai e focou em aumentar suas receitas, e agora ela está com um salário líquido de R$ 2.100. Não faz sentido para o plano de enriquecimento dela aumentar seus custos em R$ 100. Se tiver muita necessidade, o máximo que Estela poderia fazer nesse caso é aumentar em R$ 50. Lembrando que, quanto maior a distância entre os custos e o ganho, mais rápido o processo de enriquecimento.

Por isso, imagine que ela não aumentou seus custos, direcionou esses R$ 100 para seus investimentos e continuou focando em aumentar sua principal fonte de renda e agora está com salário de R$ 2.500 líquidos.

Seus custos continuam em R$ 2.000 por mês e agora ela tem R$ 500 para direcionar para seus investimentos. Mesmo que ela resolva aumentar seus custos um pouco, em R$ 100, ela tem R$ 400 para trabalhar.

Muito mais rico esse caminho, não é verdade? Porque traduz direitinho aquela frase que te falei aqui no começo do capítulo: "Não é sobre quanto dinheiro você faz e sim quanto você gasta". Porque, se Estela tivesse conseguido aumentar suas receitas para R$ 2.500 mas tivesse aumentado seus custos para R$ 2.600, não teria feito a menor diferença para a riqueza e, pior, estaria ficando mensalmente R$ 100 mais pobre, e ainda há os juros das pendências financeiras, que virarão uma bola de neve.

Para aumentar as receitas existem basicamente duas alternativas: gerar renda extra e potencializar sua principal fonte de renda. Tudo depende do seu momento, das suas necessidades e prioridades. Existem diversas alternativas para quem quer aumentar a renda. E o que você está disposto a tentar tem muito a ver com a sua necessidade de gerar renda extra.

Vejo muitas pessoas com dificuldade em fazer algum trabalho extra, muito mais por vergonha do que por falta de oportunidades. Mas preciso te contar uma outra coisinha, a vergonha é inimiga direta do seu enriquecimento. Se ela for no nível que te impede de ganhar uma renda extra com honestidade e seu objetivo é ter uma vida financeira em abundância, te indico tentar técnicas alternativas, como terapia, para superar isso. Temos que superar os obstáculos que aparecem na nossa jornada.

Defina uma meta

Sabendo quanto custa seu mês, defina um valor de meta de receita que deseja atingir com data definida para isso. Vamos aprender a definir os objetivos de uma maneira simples e eficiente logo, logo. Mas, por enquanto, basta você ter o seu valor desejado e uma data para atingi-lo.

Para começar, defina um valor ousado, porém realista, num curto prazo, para que isso se torne mais dinâmico e motivador, senão você define um valor dos sonhos que gostaria de receber por mês, mas daqui a dois anos. E o que se faz até lá? Difícil manter a motivação durante esse período. Por isso, minha sugestão é definir metas para cada trimestre. E você pode utilizar esse salário dos sonhos do prazo de dois anos como base para essas suas metas menores de três em três meses.

Por exemplo: O salário dos sonhos para daqui 2 anos é R$ 7.000 por mês. Agora você ganha R$ 2.000. Para 2 anos, temos 8 trimestres. A diferença entre seu salário atual para o dos sonhos é de R$ 5.000. A cada 3 meses você precisa aumentar suas receitas em R$ 625. Para quem é registrado em empresas, a dinâmica talvez tenha que funcionar de forma mais espaçada, como de 6 em 6 meses ou anual...

Tente ser ousado com suas metas. Porque tendemos a não acreditar na nossa capacidade e esquecemos de confiar no universo. Ter fé é importante. Com isso, muitas vezes perdemos a oportunidade de alavancar mais rápido nossos ganhos por medo de não conseguirmos. Assim, chute pra cima, pra alcançar melhores resultados.

Você pode fazer algo para vender no condomínio onde mora, no trabalho, na vizinhança e/ou pela internet. Pode ser comida, bebida, docinhos, sacolé/gelinho. Pode ser artesanato, pintura, biscuit, feltro, papel. Pode ser serviço, consultoria, criação de textos, faxina, produtos digitais. Até mesmo comprar barato e revender com lucro. Oportunidades existem! O que escolher vai depender do seu perfil e disponibilidade.

2017 foi um ano desafiador para nossas finanças, as minhas e as do Luiz. Por várias mudanças e desafios que estávamos enfrentando. Ainda estávamos colocando a vida em ordem depois de voltar da Austrália, eu estava investindo na minha empresa, só investindo e sem nenhuma retirada, vivíamos com as contas empatadas, o que entrava pagava as contas. Conto com mais detalhes neste vídeo aqui:

Quanto dinheiro guardei em 2017?
https://youtu.be/5Ns1VbEetXc

Eu estava inconformada de não ter dinheiro para investir e também precisávamos de uma grana para o lazer. Então, começamos a correr atrás de renda extra. Durante oito meses fomos revezando entre fazer faxina, hospedar, cuidar e passear com cachorros, escrever artigos para sites e vender café. Juntamos uma boa grana, tivemos dinheiro para lazer e vivemos experiências incríveis. Eu acredito que, sim, há pessoas desfavorecidas no nosso país, devido à imensa desigualdade social, um problema gravíssimo, pessoas que vivem abaixo do nível de pobreza. Elas nem têm acesso à informação. Então realmente ficam sem alternativas e dependem de doações e da assistência do governo. Mas existem muitas pessoas, com saúde e acesso à informação, que estão sofrendo com dificuldades financeiras, que não estão dispostas a aproveitar as oportunidades, porque não fazem certos tipos de trabalho.

Quem QUER ou PRECISA, faz! Não fica se justificando nem jogando a responsabilidade dos seus problemas para os outros.

É claro que cada um leva mais jeito para certas atividades e outras pessoas para outras. Eu, por exemplo, mando muito melhor em faxina do que cozinhando. Por isso resolvi aproveitar a oportunidade que apareceu para ganhar uma graninha extra fazendo isso e não fui atrás de oportunidades como cozinheira, ha ha ha.

O que quero dizer é que, se você anda com dificuldades para gerar renda extra e ao mesmo tempo está precisando, é hora de avaliar se não tem sido um tanto quanto seletivo. Oportunidades existem, o que falta são pessoas dispostas a aproveitá-las. Paciência e consistência são sempre uma ótima receita para alcançar resultados significativos.

Veja mais em vídeo

Acesse o canal https://www.youtube.com/MaiaraXavier e assista a alguns vídeos que separei especialmente sobre este tópico. Você vai gostar!

12 Ideias de renda extra – Ganhe dinheiro sem sair de casa
https://youtu.be/RUY315rhtyU

5 Dicas para ser promovido este ano – Ganhe mais dinheiro
https://youtu.be/rg8SP9W8OjU

Como economizar 20% do seu salário
https://youtu.be/HBeqOTq_oK0

Investir seu dinheiro

Ahhh, a cereja do bolo! Investir o seu dinheiro é valorizar seu trabalho e seu tempo. É pegar aquele valor que você juntou com trabalho e esforço e colocá-lo para fazer mais dinheiro pra você.

É como se você tivesse montando seu exército com vários soldados e deixando-os trabalhando pra você. Eu não vejo nada mais fascinante na jornada de enriquecimento do que os juros compostos sobre seu capital. Dinheiro gerando mais dinheiro sem precisar mais do seu esforço. É a chamada renda passiva, vamos falar mais sobre ela aqui no livro.

Você deve ter ouvido muito ultimamente: "Você está perdendo dinheiro deixando suas economias paradas na poupança".

Não é que todo mês sai um valor do seu total guardado na poupança e, sim, todo mês você deixa de ganhar mais em rentabilidade. Isso também é uma maneira de perder. Saber investir seu dinheiro vai potencializar seu processo de enriquecimento. Não basta só economizar, é preciso saber pra onde esse valor irá.

Não se assuste com o tema, não é esse bicho de sete cabeças que pintam pra nós. Estamos aqui para simplificar, não é verdade? Então é isso que a Mai vai fazer por você. Ainda tem bastante material pela frente e você vai acabar este livro capacitado a investir seu dinheiro. Eu faço minha parte entregando o conteúdo, e você a sua, colocando em prática o que aprendeu aqui, combinado?

Conclusão do capítulo

Você pode enriquecer. Para isso:

☆ Tenha isso como uma meta.
☆ Acredite no seu potencial.
☆ Tenha seu número da riqueza em mente.
☆ Viva dentro das suas possibilidades.
☆ Turbine suas receitas.
☆ Invista seu dinheiro.

Anotações:

3 Aonde quer ir

Assuma o controle da sua vida!

É ilusão pensar que temos todo tempo do mundo ou que podemos esperar mais um pouco para colocar nosso plano de uma vida melhor em ação. Nos sentimos confortáveis em nossas vidinhas e preferimos não "passar trabalho". Vamos empurrando com a barriga várias situações que precisam de uma solução da nossa parte. Tendemos a acreditar que estamos no comando da vida. Que tudo está sob controle. Até que a vida vem e faz o quê? Mostra quem de fato está no comando.

Imagine uma situação bem difícil na vida, como por exemplo:

- ☆ um divórcio repentino;
- ☆ um falecimento do parceiro/parceira;
- ☆ uma doença grave;
- ☆ desemprego.

Se alguma dessas coisas acontece diretamente na sua vida, além de enfrentar uma profunda tristeza, você teria que encarar ainda mais a dificuldade financeira? Você não acha que, qualquer uma dessas situações por si só já seria dolorosa demais para ter ainda mais o agravante financeiro?

A parte mais tensa disso tudo é que são situações sobre as quais não temos o menor controle, por mais que a gente tente, e quase sempre não podemos evitar. Mas cuidar do nosso dinheiro, isso sim está totalmente ao nosso alcance, podemos fazer isso da melhor maneira e, com uma vida financeira organizada, enfrentar os maiores desafios da vida fica menos pior.

Qual seria a pior coisa que poderia acontecer caso sua principal fonte de renda secasse? Como você viveria os próximos dias da sua vida? Não espere uma tragédia significar seu ponto de virada. Não podemos evitá-las, mas podemos escolher como enfrentá-las.

Está decidido a construir uma vida melhor assumindo o controle e a responsabilidade pelas suas atitudes? Entramos agora num momento de criar clareza sobre onde se quer chegar. Com todo material do livro, você já deve estar mais conectado à sua essência e aos seus valores.

Será bem útil.

O que quer alcançar?

Agora que está conectado à sua essência e aos seus valores, chegou o momento de listar seus objetivos. Quando me perguntam: "Maiara, qual é o segredo para juntar mais dinheiro, pra ter motivação de manter o orçamento organizado e resistir ao consumismo?" Eu sempre respondo: "Ter objetivos". Seus objetivos têm poder. Mas para isso eles têm que estar conectados com sua essência, com seus valores... Acredite que você é capaz. Você precisa acreditar que pode viver o que deseja alcançar.

Como comecei a ter objetivos

Antes de ler o livro *Mulher Rica*, eu era consumista. Lembro de sair para comprar uma calça *jeans*, experimentar várias e sair da loja com três. TRÊS. Eu não precisava de tudo aquilo, eu precisava de uma. Na época, eu tinha um salário de R$ 450. Quem com esse salário pode se dar ao luxo de gastá-lo praticamente todo em calças? Mas eu não tinha motivos para NÃO COMPRAR. Eu tinha o dinheiro ou eu tinha crédito (parcelando em suaves prestações). Eu tinha uma fonte de renda e eu tinha gostado das calças. O que me impediria de comprá-las? O que me faria parar pra pensar se valia a pena ou não comprá-las? Naquele momento, absolutamente nada. Naquela época, eu não tinha objetivos e, principalmente, eu não acreditava que podia definir metas e me planejar para alcançar. Eu não acreditava em mim, numa vida diferente.

Como comentei aqui pra você, eu até guardava dinheiro, mas nunca por muito tempo, já que aquele dinheiro guardado não tinha um porquê. Ele estava ali para quando eu encontrasse qualquer coisa que quisesse e tinha de onde pegar. Isso sempre acontecia, pois a coisa mais fácil de acontecer é ter no que gastar dinheiro, não é mesmo?

O que me fez mudar completamente, que me fez parar de consumir em excesso, guardar e investir dinheiro sem ter vontade de gastá-lo a todo momento, foi ter e acreditar que eu poderia alcançar objetivos maiores.

Foi aí que eu saí de consumista a poupadora e investidora, com um salário de R$ 450 e em 1 ano uma poupança de R$ 5.000.

A vida dos sonhos

A vida que desejamos viver não é construída por acaso ou da noite para o dia. Se você sente que a vida não está como deseja, que as coisas nunca saem como gostaria, que pra você tudo é mais difícil, provavelmente você é o tipo de pessoa que acredita que as coisas devem se ajustar sozinhas.

Estou aqui hoje para te dizer que isso não vai acontecer. Mas tenho uma ótima notícia: você pode construir a vida dos seus sonhos. É isso mesmo!

Gostaria de compartilhar mais um pedacinho da minha trajetória. A coisa que mais amo dizer é que eu vivo a vida dos meus sonhos. E é a mais pura verdade. É muito gratificante sentir que tudo está acontecendo como você desejou anos atrás.

Sabe quando te perguntam, inclusive eu fiz isso, como você se vê daqui a cinco anos?

Então, eu me via no futuro, eu tinha desenhado minha vida ao chegar aos 30 anos. Tinha muita coisa que eu queria, eu sabia o que era importante pra mim e como queria me sentir ao chegar nessa idade.

Depois de todo vendaval da minha separação, mais madura e consciente do que queria pra mim, comecei a desenhar, cinco anos antes, a vida que queria ter ao chegar aos 30 anos. Eu tive que mudar muita coisa, porque senão nunca chegaria onde gostaria. E a mudança, apesar de abrir novos horizontes, de início assusta e dá trabalho, mas é ela que nos permite colher novos e diferentes resultados.

Como era a vida dos meus sonhos aos 30, enquanto tinha 25?

Eu queria estar 100% dedicada à minha empresa, coisa que demorei muito tempo para criar coragem. Queria estar num relacionamento estável e, aos 25 anos, era o que menos tinha. Queria ter feito um intercâmbio, retomado minhas economias e investimentos, estar onde queria morar e me sentir exatamente como gostaria de me sentir. Entre outras coisas.

O meu ponto de partida estava completamente distante da maioria das coisas que eu desejava viver aos 30, mas eu tinha um caminho de cinco anos pela frente. E eu sabia que podia conquistar o que eu queria. E foi assim que comecei.

Pode ser que você esteja muito longe da vida dos seus sonhos nesse momento, mas se continuar sem um plano, nem daqui cinco anos estará vivendo essa vida. Por isso, em algum momento você precisa começar.

Ao chegar aos meus 30, eu estava completamente realizada, porque, na verdade, os resultados eram o de menos, eu estava apaixonada por quem eu tinha me tornado nos últimos anos, e eu estava realmente vivendo a vida dos meus sonhos.

Eu vivo a vida dos meus sonhos ao mesmo tempo que já planejo a minha vida dos sonhos do ano que vem. Afinal, a gente muda, e o bacana da vida é continuar sonhando e conquistando.

Depois que você pega o jeito, a sua vida está na maior parte do tempo do jeitinho que você desejou. Hoje eu usufruo de tudo que plantei nos anos anteriores enquanto planto para colher mais conquistas amanhã, porque é isso que nos move. Mas é preciso dar o primeiro passo, o que vai te fazer sair de onde está e caminhar rumo à vida dos seus sonhos.

A vida que você tem hoje

A vida que você tem neste exato momento é resultado das escolhas feitas no passado. Lá atrás, nas pequenas decisões, até mesmo as imperceptíveis, você estava desenhando o que seria sua realidade hoje.

Por isso, pare uns minutinhos agora e avalie tudo o que você tem, conquistou e fez até hoje. A posição no trabalho, o relacionamento amoroso, se tem ou não, os filhos, se tem, como são, como é sua relação com eles. Seus pais, se ainda estão vivos, como é sua relação com eles. Se já se foram, como foi a relação de vocês enquanto viveram. Seus bens materiais, como são? Estão conservados? São do jeito que você gostaria nessa altura da vida? Como está sua vida financeira? Você organiza seu orçamento, guarda dinheiro, se planeja para realizar seus objetivos e investe para garantir tranquilidade no futuro? Quais sonhos já realizou até agora? Quantas viagens planejadas e desejadas você já realizou?

Sabe tudo isso aí, ao seu redor, acontecendo na sua vida neste momento? São resultados das suas escolhas, reflexos das decisões que tomou ao longo da vida. Sabia aonde queria chegar? O que estava buscando pra você? Decidiu encarar os problemas ou fugir deles?

Decidiu abrir mão de algumas situações? Não decidiu nada? Esteve presente em momentos importantes? Priorizou outras coisas? Decidiu se calar? Preferiu falar? Escolheu ficar? Escolheu ir embora? Decidiu comprar, vender, alugar, se mudar, deixar pra lá, não cuidar, não se cuidar, cuidar-se demais... tudo isso escreve nossa história e determina nosso hoje.

Beleza, já entendemos por que vivemos o que vivemos, e agora? Agora eu te pergunto: está satisfeito com tudo isso? Se não está, as escolhas que está fazendo hoje vão determinar seu amanhã. Percebeu?

Que caminhos está escolhendo percorrer hoje? Está analisando suas decisões com foco no que deseja viver? Você pode e você merece viver a vida dos seus sonhos, mas isso tudo tem um preço e o preço que se paga é tomar as melhores decisões hoje, as que vão te levar até a vida que você deseja. Isso significa que nem sempre as melhores decisões serão as mais fáceis.

Hoje, você quer ir pelo caminho que parece mais fácil ou o que parece mais sensato? O caminho que vai te manter na vida que está ou o que vai te levar a viver algo extraordinário?

Está nas suas mãos.

E se você decidir construir a vida dos seus sonhos, eu te convido a desenhá-la já.

A vida dos seus sonhos

De certa forma, no tópico "Reconhecendo o ponto de partida" já começamos um trabalho para te levar em direção a viver a vida dos seus sonhos, por isso o exercício agora é mais motivacional. Nossa mente é nossa ferramenta mais importante na jornada em busca das nossas realizações.

Considere as principais áreas da sua vida e faça um exercício: feche seus olhos e imagine-se vivendo a vida dos seus sonhos. Fizemos um exercício parecido lá no "Você pode enriquecer?"

Mas vamos um pouco além...

Como você gostaria de se sentir na vida dos seus sonhos para cada categoria a seguir? De olhos fechados, você vai se enxergar vivendo várias situações em cada uma delas, então deixe-se levar, com cheiros, sensações, sons, barulhos... e depois tente descrever o máximo que lembrou e tudo que vivenciou nessa experiência de imaginação. Permita-se sonhar... livre-se de seus julgamentos. Apenas imagine!

Minha vida dos sonhos na categoria de relacionamento amoroso

_____
_____
_____
_____

Minha vida dos sonhos na categoria de saúde física (meu corpo, atividades físicas etc.)

_____
_____
_____
_____

Minha vida dos sonhos na categoria de finanças

_____
_____
_____
_____

Minha vida dos sonhos na categoria espiritual

_____
_____
_____
_____

Minha vida dos sonhos na categoria profissional

_____
_____
_____
_____

Minha vida dos sonhos na categoria amigos e familiares

_____
_____
_____
_____

Definindo objetivos com propósito

E agora, o que é necessário conquistar para viver a vida dos seus sonhos? Chegou o momento de materializar ao máximo sua imaginação e identificar quais objetivos o deixarão cada dia mais perto da vida que deseja viver.

Para uma melhor organização, vamos classificar aqui no livro os prazos curto, médio e longo.

Objetivos de curto prazo = até dois anos

Objetivos de médio prazo = de dois a oito anos

Objetivos de longo prazo = a partir de oito anos

O que você pode planejar para alcançar no curto, no médio e no longo prazos?

Como hoje em dia tudo o que buscamos é satisfazer nossas necessidades imediatamente, é complicado fazer as pessoas entenderem a importância do planejamento para realizar os seus objetivos. O que o imediatismo não nos permite é usufruir de grandes conquistas e desfrutar de todos os encantos que a jornada para a conquista nos oferece.

Depois de um tempo aplicando a regra do planejar para realizar, a vida acaba se tornando bem movimentada, porque alguns objetivos estarão sendo realizados e outros começando a ser planejados, e aí a coisa fica uma delícia, já que entramos num ritmo incrível de realizações, aproveitando ao máximo nossa vida, sem deixar de cuidar do nosso futuro, uma vez que um dos grandes objetivos da vida precisa ser a conquista da independência financeira.

Então, bora aproveitar todo esse clima de autoconhecimento para listar os objetivos com propósito. Tudo aquilo que você deseja realizar, mesmo que não sejam objetivos considerados mais legais, mais modernos, ou o mais incrível pela sociedade: seja você mesmo e se jogue na sua originalidade.

É preciso respeitar seus limites financeiros e, também, além de ser ousado, é importante listar objetivos alcançáveis, porque senão a coisa começa a complicar. É muito bom você ter essa flexibilidade de ir sentindo o caminhar dos seus objetivos. Às vezes, pode ser necessário ajustar, mudar alguma coisa, até mesmo abrir mão de alguma coisa. Entender e respeitar o fluxo da vida é o segredo da felicidade.

Pode até parecer meio contraditório, eu superapoio lutarmos com unhas e dentes pelos nossos objetivos, porém, ao mesmo tempo entendo que não controlamos tudo. Fazer nossa parte e o que está ao nosso alcance é parte importante para realizar o que se quer, mas também saber a hora que é preciso abrir mão de algo é mais incrível ainda. Por isso, aprenda a ser flexível, isso o ajudará demais, em todas as áreas da vida.

Curto prazo

O que você deseja conquistar nos próximos 24 meses?

Minha sugestão é pra quem ainda não tem criar sua reserva de oportunidades.

Veja mais em vídeo

Acesse o canal https://www.youtube.com/MaiaraXavier e assista a alguns vídeos que separei especialmente sobre este tópico. Você vai gostar!

Tenho um vídeo no canal em que explico tudinho sobre o que é, pra que serve e como criar sua reserva de oportunidades.

Saiba tudo sobre reserva de oportunidades! Reserva de emergência
https://youtu.be/EQWXQzUmnf8

Esse passo nada mais é do que um seguro para proteger seu patrimônio e suprir as necessidades financeiras de última hora. Liste aqui seus cinco objetivos com propósito. Não esqueça, aqueles que fazem seu coração disparar, para os próximos 24 meses:

1 -
2 -
3 -
4 -
5 -

Por que eu quero conquistar esses objetivos?

Descreva para cada um deles o seu desejo ardente. A razão matadora que te faz querer alcançar cada um desses objetivos. Lembre-se, se é com propósito, deve ser algo que te desperta alguma emoção.

Eu quero realizar esse objetivo porque...

1 -
2 -
3 -
4 -
5 -

Quanto cada um deles custa?

Faça um levantamento na internet, pesquise com amigos que já fizeram ou conquistaram algo igual ou parecido, solicite orçamentos, faça cotações e tenha o valor bem aproximado de quanto cada um deles vai custar pra você. Liste a seguir seus valores financeiros. Preciso desembolsar a quantia listada para que meus objetivos de curto prazo sejam concretizados:

1 - R$
2 - R$
3 - R$
4 - R$
5 - R$

Prazo para realizar

Você precisa definir dia, mês e ano para seus objetivos. Qualquer coisa que queira, mas que não tenha um prazo para chegar lá, não passa de um sonho. Definir um prazo é algo poderoso. Não menospreze isso! Faça esse exercício para seus objetivos de curto prazo. Já sei o que quero e quanto custam, preciso definir datas para me organizar:

1 - ___/___/_____

2 - ___/___/_____

3 - ___/___/_____

4 - ___/___/_____

5 - ___/___/_____

O que preciso fazer para chegar lá

Bom, com todas as informações acima, é preciso planejar o passo a passo para que seus objetivos sejam realizados. Hora de pensar: qual o passo a passo necessário para eu sair de onde estou e alcançar o que tanto desejo cumprindo os requisitos listados anteriormente?

Antes de mais nada, vá listando todas as atividades que vêm em sua mente necessárias para conquistar o que deseja, preenchendo o quadro na coluna "Atividade". Depois, assinale em quais meses você precisa resolver cada atividade. Faça um quadro desses para cada objetivo.

	Objetivo 1:												
	Atividade	J	F	M	A	M	J	J	A	S	O	N	D
1													
2													
3													
4													
5													
6													
7													
8													
9													
10													

Objetivo 2:												
Atividade	J	F	M	A	M	J	J	A	S	O	N	D
1												
2												
3												
4												
5												
6												
7												
8												
9												
10												

Objetivo 3:												
Atividade	J	F	M	A	M	J	J	A	S	O	N	D
1												
2												
3												
4												
5												
6												
7												
8												
9												
10												

Objetivo 4:												
Atividade	J	F	M	A	M	J	J	A	S	O	N	D
1												
2												
3												
4												
5												
6												
7												
8												
9												
10												

Objetivo 5:												
Atividade	J	F	M	A	M	J	J	A	S	O	N	D
1												
2												
3												
4												
5												
6												
7												
8												
9												
10												

Médio prazo

O que você deseja conquistar nos próximos dois a oito anos?

Liste aqui seus cinco objetivos com propósito. Não se esqueça, aqueles que fazem seu coração disparar, para o médio prazo:

1 - _____

2 - _____

3 - ....

4 - ....

5 - ....

Por que eu quero conquistar esses objetivos?

Descreva para cada um deles o seu desejo ardente. A razão matadora que te faz querer alcançar cada um desses objetivos. Lembre-se, se é com propósito, deve ser algo que te desperta alguma emoção.

Eu quero realizar esse objetivo porque...

1 - ....

2 - ....

3 - ....

4 - ....

5 - ....

Quanto cada um deles custa?

Faça um levantamento na internet, pesquise com amigos que já fizeram ou conquistaram algo igual ou parecido, solicite orçamentos, faça cotações e tenha o valor bem aproximado de quanto cada um deles vai custar pra você. Quanto maior o prazo para os objetivos, mais difícil fica de precificar, mas tente chegar o mais perto possível dos valores, porque isso ajuda demais no planejamento do seu orçamento. E não esqueça de fazer atualizações nos orçamentos, durante o período de planejamento. Liste a seguir seus valores financeiros.

Preciso desembolsar a quantia listada abaixo para que meus objetivos de médio prazo sejam concretizados:

1 - R$ ....

2 - R$ ....

3 - R$ ....

4 - R$ ....

5 - R$ ....

Prazo para realizar

Você precisa definir dia, mês e ano para seus objetivos. Qualquer coisa que queira, mas que não tenha um prazo para chegar lá, não passa de um sonho. Definir um prazo é algo poderoso. Não menospreze isso. Faça esse exercício para seus objetivos de médio prazo. Já sei o que quero e quanto custam, preciso definir datas para me organizar:

1 - ___/___/_____

2 - ___/___/_____

3 - ___/___/_____

4 - ___/___/_____

5 - ___/___/_____

O que preciso fazer para chegar lá

Hora de pensar: qual o passo a passo necessário para eu sair de onde estou e alcançar o que tanto desejo, cumprindo os requisitos listados anteriormente? Faça do mesmo jeito que fez com os objetivos de curto prazo.

Objetivo 1: Atividade	J	F	M	A	M	J	J	A	S	O	N	D
1												
2												
3												
4												
5												
6												
7												
8												
9												
10												

Objetivo 2:												
Atividade	J	F	M	A	M	J	J	A	S	O	N	D
1												
2												
3												
4												
5												
6												
7												
8												
9												
10												

Objetivo 3:												
Atividade	J	F	M	A	M	J	J	A	S	O	N	D
1												
2												
3												
4												
5												
6												
7												
8												
9												
10												

Objetivo 4:												
Atividade	J	F	M	A	M	J	J	A	S	O	N	D
1												
2												
3												
4												
5												
6												
7												
8												
9												
10												

Objetivo 5:												
Atividade	J	F	M	A	M	J	J	A	S	O	N	D
1												
2												
3												
4												
5												
6												
7												
8												
9												
10												

Longo prazo

O que você deseja conquistar a partir de oito anos? Minha sugestão é incluir como objetivo a liberdade financeira. Liste aqui seus cinco objetivos com propósito. Não se esqueça, aqueles que fazem seu coração disparar, para o longo prazo:

1 - _____

2 - _____

3 - ....
4 - ....
5 - ....

Agora, as demais etapas são similares às dos objetivos de curto e médio prazo e que você já conhece.

Por que eu quero conquistar esses objetivos?

Descreva para cada um deles o seu desejo ardente. A razão matadora que te faz querer alcançar cada um desses objetivos. Lembre-se, se é com propósito, deve ser algo que te desperta alguma emoção.

Eu quero realizar esse objetivo porque...

1 - ....
2 - ....
3 - ....
4 - ....
5 - ....

Quanto cada um deles custa?

Faça o levantamento e orçamentos para chegar a um valor aproximado. Isso é importante para seu planejamento. Preciso desembolsar a quantia listada abaixo para que meus objetivos de longo prazo sejam concretizados:

1 - R$ ....
2 - R$ ....
3 - R$ ....
4 - R$ ....
5 - R$ ....

Prazo para realizar

Qual sua meta para alcançar seus objetivos de longo prazo? Definir um prazo é algo poderoso. Não menospreze isso. Já sei o que quero e quanto custam, agora preciso definir datas para me organizar:

1 - ___/___/_____

2 - ___/___/_____

3 - ___/___/_____

4 - ___/___/_____

5 - ___/___/_____

O que preciso fazer para chegar lá

Hora de pensar: qual o passo a passo necessário, ou atividades, para eu sair de onde estou e alcançar o que tanto desejo, cumprindo os requisitos listados anteriormente?

Objetivo 1:												
Atividade		J	F	M	A	M	J	J	A	S	O	N	D
1													
2													
3													
4													
5													
6													
7													
8													
9													
10													

Objetivo 2:												
Atividade	J	F	M	A	M	J	J	A	S	O	N	D
1												
2												
3												
4												
5												
6												
7												
8												
9												
10												

Objetivo 3:												
Atividade	J	F	M	A	M	J	J	A	S	O	N	D
1												
2												
3												
4												
5												
6												
7												
8												
9												
10												

Objetivo 4:												
Atividade	J	F	M	A	M	J	J	A	S	O	N	D
1												
2												
3												
4												
5												
6												
7												
8												
9												
10												

Objetivo 5:												
Atividade	J	F	M	A	M	J	J	A	S	O	N	D
1												
2												
3												
4												
5												
6												
7												
8												
9												
10												

Prioridades nos objetivos

Você sabia que prioridades podem salvar seus objetivos e te ajudar a ter uma vida muito mais plena e tranquila? Quantas vezes você já se viu querendo fazer tudo ao mesmo tempo? Isso é uma das coisas mais normais nos dias de hoje. Estamos rodeados de tanta informação, com acesso a tantas coisas, que nossa ansiedade não nos permite parar, respirar e analisar. Riqueza, na boa, já deu para perceber que isso é algo que mais nos atrapalha do que ajuda, não é mesmo?

Entendo que a questão da ansiedade é algo que precisa ser tratado com atenção. Sou uma dessas pessoas doidas pra fazer tudo ao mesmo tempo. E sabe qual é minha sensação? Que isso é um vício. Verdade! Porque, se você também é assim como eu, sabe que a gente fica como se estivesse em abstinência se não está tentando equilibrar um milhão de pratos ao mesmo tempo.

A sensação de priorizar é a de perda. Não gostamos de perder. Ao ter que definir o que é preciso fazer agora e abrir mão do que não é prioridade, dá a sensação de que estamos perdendo alguma coisa. Só que a sensação é mentirosa.

Sabe o que tem me feito mudar isso? Aos poucos, é claro. Ver que meus resultados sempre poderiam ser melhores se eu tivesse priorizado. Eu tentava fazer tudo junto e misturado, tinha um desespero pra fazer tudo, abraçar o mundo... aí quando eu ia avaliar meus resultados ficava superfrustrada. Não era aquilo que queria, ou poderia ter sido muito melhor.

E isso começou a me motivar a priorizar. Me dedicar a bem menos projetos ao mesmo tempo. E cuidar deles do começo ao fim. Com isso, fui percebendo que os frutos que colhia eram bem mais maduros, e esses resultados melhores me ajudavam a pegar o próximo projeto da lista e fazer melhor ou, até mesmo, abrir novas portas facilitando assim coisas que eu gostaria de fazer, mas que, por estar tão preocupada em fazer tudo ao mesmo tempo, acabava por não dar conta.

Com tudo isso, a sensação de perda diminuiu muito. Afinal, se não é pra obtermos os resultados que queremos e merecemos, do que vale ter a sensação de que podemos tudo ao mesmo tempo o tempo todo, não é mesmo?

Não se preocupe se você ainda está nessa de equilibrista, tudo tem um ponto de partida, e esse é o seu. As mudanças acontecem aos poucos.

Mas grave isso: Não podemos ter tudo na vida. Não é essa a graça da vida.

A graça da vida está em saber escolher. E escolhas envolvem abrir mão.

Chegou a sua vez.

No momento em que internalizei isso, foi libertador. No decorrer do livro já aprendemos a identificar o que é de fato importante pra nós, o que gostamos e o que desejamos. Nesse processo todo, você teve noção do quanto já fomos eliminando?

Mas, agora, considerando tudo o que você gosta, precisa definir o que é importante pra você, ou seja, precisa priorizar.

Por onde começar?

Separei algumas dicas para te ajudar nesse processo. Separe aí com você todos os seus objetivos e o que é necessário fazer para chegar lá. E analise:

☆ O que dessa lista, se você fizer primeiro, vai ajudar em mais de uma área?
☆ Qual é que ao ser feito, causará mais impacto positivo na sua vida?
☆ Qual resolve uma grande questão?
☆ Qual é o mais rápido de se alcançar?
☆ Qual precisa ser priorizado?

Essas coisas nos ajudam a apontar o caminho a seguir. Então, **comece pelo que causa mais impacto**. Exemplo:

Objetivo: Especialização no exterior

Porque quero realizar isso: Crescimento profissional. Quero me preparar para assumir um cargo de gerência na empresa.

Vamos supor que esse é um dos objetivos entre outros na lista de uma pessoa. É um objetivo custoso, porém quando alcançado vai abrir portas que vão impactar diretamente nas suas receitas. E quanto maiores as receitas, mais poder financeiro de realização para os outros objetivos.

Isso é um requisito de prioridade.

Vamos a outra dica: **Comece pelo menor**

Observe sua lista de objetivos e identifique qual deles é mais rápido de alcançar. Objetivos menores são mais rápidos de realizar e a sensação de conquista é importantíssima para nos manter no foco e motivados a realizar mais. Por isso, se você é uma dessas pessoas que adora ver o resultado, que tal escolher algum objetivo menor e já começar realizando?

Isso é outro requisito de prioridade.

Identifique prazos não controláveis

Prazo também é outro ponto bastante importante na hora de definir prioridades, pois precisamos ficar muito atentos a datas. As datas que definimos para alcançar e, também, para alguns objetivos que dependem de datas que você não controla, ou seja: festivais, eventos, cursos etc. Esses objetivos já nascem com a data definida, permitindo apenas a flexibilidade de escolher o mês ou ano. Por isso, pegue sua lista e marque todos que já têm uma data específica para acontecer. Exemplos:

Esquiar no Chile – Só pode ser no inverno
Assistir ao Super Bowl – Só uma vez por ano
Evento do Tony Robbins nos Estados Unidos – Datas específicas

Caso queira duas coisas em datas bem próximas, mas geograficamente impossíveis de realizar e financeiramente inviáveis, é hora de deixar uma de lado ou mudar a que for possível para outra data. Por exemplo, algum evento vai acontecer dia 13 de agosto na Europa e no dia seguinte outro evento na Austrália: vai ficar difícil se você não tiver o poder de se dividir e dinheiro para contratar um jatinho.

Não tenha medo de abrir mão, às vezes mais importante do que focar e realizar é entender que certos projetos e ideias precisam ir…

Recadinho rápido: **Seja um esquisito do caramba!**

1 - *Peça comanda individual ao invés de coletiva.*
2 - *Confira o troco da padaria.*
3 - *Abaixe pra pegar R$ 0,10 na rua.*
4 - *Confira os preços na hora de passar no caixa do mercado.*
5 - *Peça para retirar o valor arredondado na hora de cobrarem no cartão de crédito.*
6 - *Abra mão do* happy-hour *pra não estourar o orçamento.*
7 - *Leve marmita de segunda a sexta-feira.*
8 - *Não compre se não precisa.*
9 - *Comemore R$ 1 de rendimento nos seus investimentos.*
10 - *Jante antes de ir ao cinema.*

Anotações:

Como chegar lá

Simplificando a jornada: organização do orçamento

Nem acredito que já estamos partindo para a reta final do livro. Entramos na parte onde montaremos um plano de ação sustentável para você viver a Rica Simplicidade. Começando por hoje. A pegada é como se esperava, simplificada!

Passo a passo para fazer seu plano acontecer

Em primeiro lugar, vamos partir do princípio de que ninguém aqui está mais com dívidas, nem eu, nem você. Eu já passei desse ponto, e me comprometi a nunca mais passar por isso. Venho me saindo bem, e você?

Se por acaso essa for sua situação, peço, por gentileza, que dê uma pausa no nosso livro e foque toda sua energia, tempo e dinheiro para sair das dívidas. Essa com certeza é sua prioridade. Depois de no mínimo deixar suas pendências financeiras sob controle, volte aqui para continuar a leitura a partir deste ponto.

Vamos começar por um *detox* financeiro. Algumas pessoas olham para sua própria vida financeira e se perguntam como foi que chegaram àquele ponto. Oras bolas, por onde elas mesmas andavam quando tudo isso na vida financeira delas aconteceu? Na maior parte do tempo, fugindo da realidade, evitando enfrentar suas frustrações e se escondendo por trás de um *status*.

Analise sua vida por parâmetros diferentes. Primeiro, quero que você imagine sua vida com tudo que é indispensável para viver, no sentido de sobrevivência mesmo. Se tivesse que viver os próximos seis meses só com o básico, quais seriam esses itens?

Preencha a tabela pensando nessa situação. Imagine como fundamentais coisas do tipo: comer, descansar, beber, dormir, ir ao banheiro, higiene pessoal, transporte, vestuário básico... Sem nenhum luxo nem desejo de consumo por aqui, agora não, tá bom? Coloque no custo mensal o custo individual no seu orçamento de cada item básico para suprir essa necessidade.

Itens de necessidades básicas por 6 meses	Custo mensal
Total	**R$**

Quanto custa sua vida só com as coisas realmente necessárias? O que você acha desse valor?

Agora, imagine que você tenha a chance de acrescentar apenas quatro itens nessa lista que acabou de criar. Pense bem, são apenas quatro itens. Não pode trocar, nem substituir por um período de pelo menos cinco anos.

Então, na próxima tabela você deve pensar que não precisará se preocupar com as necessidades básicas, elas já estão supridas pela lista anterior. Imagine que nos próximos cinco anos você terá que viver com eles e acrescentar apenas quatro itens de consumo. Quais são eles?

Aqui você pode incluir algum esporte, lazer, educação, *hobbies* etc. Coisas que você já faz e sabe o quanto curte, por exemplo.

Meus 4 principais itens de consumo	Custo mensal
Total	**R$**

Pegue o total da lista de necessidades básicas e some aos custos dos quatro itens que acabou de listar. Quanto ficou seu custo mensal até aqui?

Necessidades básicas + 4 itens importantes = R$ .... por mês.

Como fica esse valor em relação ao salário que você tem hoje?

Meu salário: R$ ....

Meus custos listados: R$ ....

Salário – Custos = R$ ....

Seu saldo ficou negativo ou positivo? Caso tenha sido negativo, veja algumas causas para o saldo negativo:

☆ Suas necessidades básicas não foram tão básicas assim. Reveja sua lista e a analise com carinho.
☆ Seus quatro itens ou alguns deles estão fora da sua possibilidade financeira no momento. Reavalie-os.
☆ Seu salário mal te permite arcar com as necessidades básicas da vida.
☆ Todas as alternativas acima.
☆ Quase todas as alternativas acima.

Agora, é a hora de listar tudo o que você gostaria de fazer na sua vida. Acrescente à sua lista tudo que tem o desejo de realizar. Mas imagine algo realizável em questão de tempo e disponibilidade, adequando à sua rotina. Não pense na sua possibilidade financeira, apenas nos seus desejos dentro da sua rotina.

Por exemplo, você é uma mãe, casada, que trabalha fora, faz faculdade e mora no Brasil. Não adianta colocar coisas do tipo: esquiar uma vez por semana ou algo geograficamente impossível. Tem que se alinhar à sua realidade. Não é pra ser um sonho.

Minha vida com tudo o que gostaria	Custo mensal
Total	R$

Necessidades básicas + tudo o que quero na vida = R$ .... por mês.

Como fica esse valor em relação ao salário que você tem hoje?

Meu salário: R$ ....

Tudo o que quero: R$ ....

Meu salário – Tudo o que quero = R$ ....

Você consegue perceber que não dá pra ter tudo? Que temos que respeitar os nossos limites e isso não deve ser um problema? Todos temos limites.

Com esse último valor, o que você precisa analisar é:

- ☆ *Tudo que eu quero realmente vale a pena?*
- ☆ *Estou pensando na minha reserva de oportunidades, aposentadoria e segurança financeira dos meus filhos?*
- ☆ *Se tudo que considerei faz sentido pra mim, o que é necessário fazer para que meu salário seja capaz de suprir tudo isso?*
- ☆ *Meu salário já supre a vida que desejo e eu já estou com plano de aposentadoria, reserva de emergência e segurança financeira da família encaminhada!* Uhuuuu! Feche este livro e vá celebrar! Arrasou.
- ☆ *Mesmo assim, ainda quero a tão sonhada independência financeira!* Então, continue aqui!

O que podemos concluir com esses modelos é que sempre é possível viver com menos, porque o que realmente precisamos para viver é muito pouco. E nunca tem limite para tudo que queremos, porque o trabalho da mídia é exatamente esse, nos fazer sempre acreditar que não temos o suficiente e continuar consumindo.

O método A Rica Simplicidade tem esse objetivo, te fazer perceber o que é importante pra você e cair cada vez menos em ciladas do marketing, que tenta te fazer acreditar que sempre precisa de mais. Cai fora dessa!

Minha sugestão é que você aprenda a viver com o segundo modelo que passei aqui. Defina suas prioridades no orçamento. Não deixe de fazer coisas que gosta, mas defina as quatro principais do momento, tanto para você aproveitar melhor quanto para caber no bolso. E aí você encontra um equilíbrio em meio a isso tudo. É um treino, viu?! Se você está muito fora desse meio do caminho, é legal começar definindo metas para reduzir seu nível de consumismo.

Um passo de cada vez, mas agora, sempre rumo à sua rica simplicidade. Com base nisso, como organizar o orçamento de forma prática, sustentável e simples?

Duas variáveis muito importantes nessa trajetória são: os custos e as receitas. Que tal definir suas metas envolvendo-as?

Meta → % de vida mais simples.

Criar um padrão de vida mais enxuto usando tudo que aprendemos aqui na jornada da rica simplicidade.

Meta → Aumentar minha riqueza % proporcional.

Foco em turbinar as entradas. Logo mais falaremos sobre renda extra.

Gosto de um exemplo bem prático para organizar o orçamento mensal. Vou te mostrar a seguir. Mas também gosto de dizer que isso não é regra, tá bom? Não gosto de ditar regras quando o assunto é seu dinheiro, pois ninguém melhor do que você, que vive com ele, pra saber e entender suas possibilidades. Tudo que passo aqui é com o intuito de inspirar e mostrar um caminho que tem dado certo. Disso tudo, pegue o que lhe serve e corre para o abraço. A mesma coisa com a distribuição do orçamento. Veja se é algo que se encaixa, talvez não agora, mas como meta para sua organização financeira.

Partimos do princípio matemático de que sua vida representa 100% do seu orçamento. Dentro desses 100%, temos que fazer a melhor distribuição possível. A sugestão é encaixar seus gastos essenciais em 50%. É um método muito sustentável, no qual você vai depender de apenas metade do seu potencial financeiro para viver, o que dá uma segurança tremenda.

Depois, temos que encaixar as outras categorias com o restante dos 50%, incluindo: 20% para o que é importante agora; 10% para sua liberdade financeira, ou seja, aposentadoria; 10% para os grandes desejos; e 10% para as necessidades momentâneas que mantêm a vida financeira organizada. Eu sempre utilizo o salário líquido, o que entra na conta mesmo, para eu entender quais são minhas possibilidades reais.

Visualize a proposta

Sua vida = 100%

- **50% para o que é essencial** (moradia, internet, água, luz, celular, vestuário, alimentação, transporte, educação, saúde)
- **20% para o que é importante agora** (*hobbies*, lazer, hábitos, costumes, viagens, passeios, compras, conhecimento)
- **10% para a aposentadoria**
- **10% para grandes desejos** (casa própria, viagens, certificações, carro, tratamento estético)
- **10% para necessidades momentâneas** (reserva de oportunidades/liquidar dívidas/doações)

Definindo os 20% do que é importante agora

Com tudo que já percorremos até aqui, você já tem sua lista do que é importante e ela será utilizada aqui. Apenas a reforce, listando nas categorias a seguir.

Físico (saúde e bem-estar)

....
....
....
....

Pessoal (social, relacionamento amoroso, maternidade, lazer, *hobbies*, cuidados pessoais...)

....
....
....
....

Espiritual

....
....
....
....

Profissional

....
....
....
....

Pirâmide da riqueza

De todas as coisas importantes que você listou, separe as quatro principais (a mais importante de cada categoria que você listou) e as encaixe na pirâmide de acordo com o grau de importância na sua vida. Aqui estamos relacionando os quatro itens dos quais conversamos agora há pouco e vou te mostrar como fazer um cálculo para encaixar no seu orçamento. Afinal, onde isso tudo entra? Lembrando que separamos 20% para essa categoria.

Você tem 20% do orçamento para investir

- 3%
- 4%
- 5%
- 8%

Seria bem legal fazer, mas viveria bem sem por mais um tempo →

Importante quase como o ar que respiro →

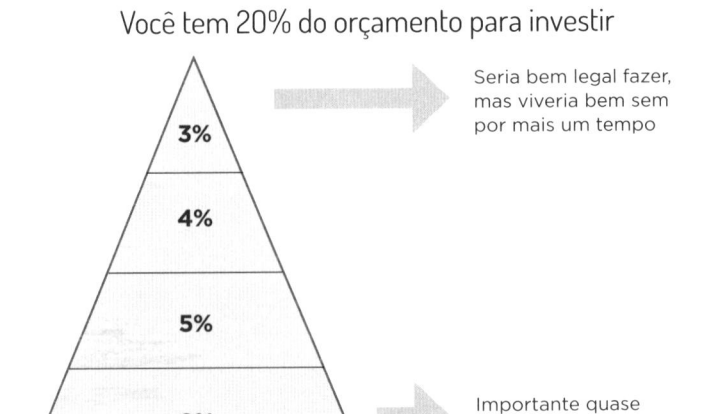

Lembre-se: sua pirâmide deve estar sempre atualizada em relação às suas prioridades e necessidades na vida. Se em algum momento alguma coisa aí dentro ou no ambiente à sua volta mudar e você tiver outras vontades e necessidades, corra para atualizar sua pirâmide.

Vamos a um exemplo prático: Uma pessoa, depois de passar pelo processo profundo de autoanálise, definiu que as quatro coisas mais importantes na vida dela, considerando as principais de cada categoria, são as apresentadas a seguir. Aí, ela aplicou na pirâmide, seguindo o grau de prioridades de cada uma.

Físico – correr no parque
Pessoal – passar tempo com o filho e jantar com as amigas
Espiritual – fazer um curso de meditação
Profissional – não listou (ou seja, não é prioridade para ela!)

Você tem 20% do orçamento para investir

- Curso de meditação — 3%
- Jantar com as amigas — 4%
- Correr no parque — 5%
- Estar com o filho — 8%

Seria bem legal fazer, mas viveria bem sem por mais um tempo →

Importante quase como o ar que respiro →

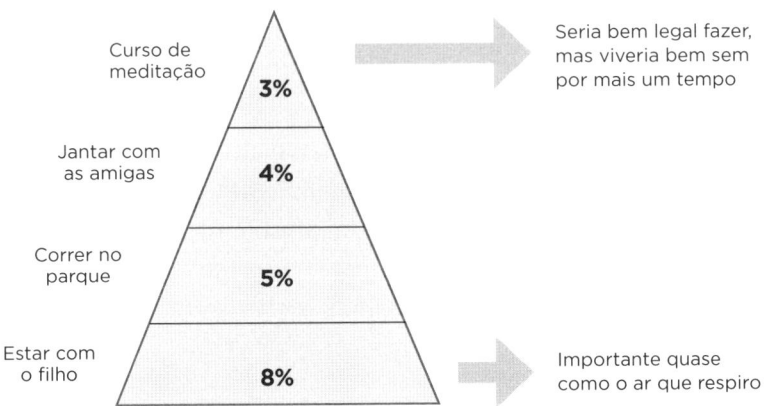

Essa pessoa tem um salário de R$ 2.000. Sendo assim, tem R$ 400 para direcionar para o que é importante (20%). Os valores referentes a cada item da pirâmide no nosso exemplo ficam assim:

Estar com o filho 8% = R$ 160
Correr no parque 5% = R$ 100
Jantar com as amigas 4% = R$ 80
Curso de meditação 3% = R$ 60

Essa é a pirâmide dela nesse momento. Nada impede de mudar no mês seguinte, caso ela perceba que suas prioridades mudaram. Mas é imprescindível que os valores e o grau de importância sejam respeitados no mês vigente.

Agora faça a sua pirâmide da riqueza:

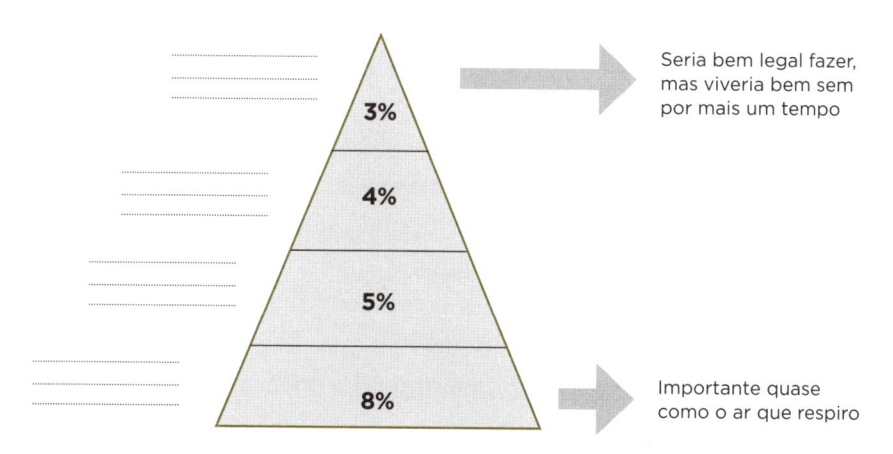

Você tem 20% do orçamento para investir

- 3% — Seria bem legal fazer, mas viveria bem sem por mais um tempo
- 4%
- 5%
- 8% — Importante quase como o ar que respiro

Definindo os 10% para a aposentadoria

Esse é o valor que você só vai acumular e que você nunca utilizará. Porque a ideia é fazer com que ele vire um montante que daqui alguns anos te proporcione uma renda proveniente de sua rentabilidade. Vamos falar melhor sobre esse objetivo logo, logo. Esse é um dos meus maiores objetivos. Como já te contei, alcançar a liberdade financeira é minha maior motivação para viver a vida que vivo. Por isso, você irá separar todos os meses 10% do seu salário mensal para esta categoria.

Definindo os 10% para grandes desejos

Oh, coisa bem boa esta categoria aqui, porque, além de uma vida plena como o que nos preocupamos nos 20%, vamos nos planejar para grandes conquistas. Afinal, isso tem um gostinho diferente. Curtir o caminho é minha principal dica aqui. Mas, para chegar lá, comprar uma casa própria, viajar, comprar um carro, fazer um tratamento estético, montar um negócio... é preciso um bom dinheiro para algumas conquistas mais que para outras. Separe 10% do seu salário para investir nisso tudo aqui.

Definindo os 10% para necessidades momentâneas

Nesta categoria, eu listei algumas situações e vai depender do seu momento qual delas você irá usar. Então, separei por ordem de prioridades para te ajudar a se organizar melhor:

1. Está com dívidas? Direcione esses 10% para acabar com elas.
2. Não tem sua reserva de oportunidades? Direcione esses 10% para construí-la e, sempre que usar algum montante da sua reserva, não se esqueça de repor.
3. Doações – Sempre busque apoiar uma causa, ajudar alguma causa que faz sentido pra você. Podemos não ter tudo que gostaríamos, mas temos mais do que muitas pessoas, por isso ajudar é importante. Minha causa é proteção aos animais, sempre doo para quem faz esse trabalho lindo que tanto admiro. Mas você pode escolher qual tem mais a ver com o seu perfil: idosos abandonados, pessoas com determinadas doenças, crianças abandonadas, carência na educação, no esporte...

E com tudo isso você terá um orçamento lindinho todo mês, garantindo que todas as suas necessidades sejam atendidas, pensando no futuro sem deixar de viver o hoje. Com sabedoria e consciência!

Técnica das categorias

No desafio Pra onde está indo meu dinheiro, que fizemos aqui no livro, você conseguiu visualizar sua realidade financeira, e esses dados serão sempre muito importantes. Agora, quero te passar uma dica simples pra facilitar sua organização financeira. Eu sou muito legal, não é mesmo? Hahaha.

Uma maneira bem prática de organizar as finanças semanais é com a técnica das categorias.

Sei que você não vai querer ficar se preocupando tanto com os gastos do dia a dia e ter que ficar anotando tudo. Assim como eu, você gosta das coisas simplificadas. Com esse método, você não precisa ficar anotando tudo porque faz o processo contrário, define quanto irá gastar, vive dentro dessas possibilidades e também mantém o controle do orçamento. A técnica das categorias te permite se organizar e manter o orçamento em dia sem complicações. "Obrigada". De nada. O que você precisa fazer?

1. Identificar todos os seus gastos numa semana normal.
2. Definir seu orçamento total da semana.
3. Definir metas para cada categoria.

Eu criei uma planilha bem simples que pode te ajudar a controlar isso de uma maneira bem prática. Você pode baixar a planilha aqui neste link:

Finanças da Semana
https://goo.gl/fWJytH

Orçamento da semana	Metas de Gastos						
R$ 0,00	Segunda-feira	Terça-feira	Quarta-feira	Quinta-feira	Sexta-feira	Sábado	Domingo
Transporte							
Alimentação							
Gastos Pessoais							
Lazer							
Mercado							
Total diário	R$ 0,00	R$ 0,00	R$ 0,00	R$ 0,00	R$ 0,00	R$ 0,00	R$ 0,00
Saldo							R$ 0,00

Com ela, você irá visualizar de uma forma mais clara tudo que está acontecendo com a sua semana. Nela já vêm categorias como: transporte, alimentação, gastos pessoais, lazer e mercado como padrão. Na parte de cima, você coloca o orçamento definido para a semana. E no decorrer dos dias, você vai lançando o que gastou em cada categoria. Automaticamente ele vai calculando seu saldo. É necessário seguir as metas de valores previamente definidas para cada categoria para evitar de chegar no fim da semana sem grana.

Bora organizar as finanças da semana?

Como viver com 50% da renda

Como eu vivo com 50% de minha renda

Riqueza, uma das coisas que me determinei a fazer quando voltamos da Austrália foi tentar viver com o mínimo possível. E quando eu digo isso, não significa que estamos passando necessidades e vivendo sem as coisas que mais amamos na vida. Pelo contrário, o mínimo possível pra nós significa ter pitadas de felicidade em forma de: taças de vinho, comida fora, viagens, conforto, corridas de rua, entre outras *cositas más*. Isso tudo é riqueza pra mim e é resultado de todos os exercícios que passei aqui pra você. Hoje eu sei o que é importante pra mim, e no que eu invisto meu rico dinheiro.

Minha independência financeira virá como consequência de várias decisões minhas, algumas mais difíceis, outras nem tanto, mas às custas da minha felicidade é que não virá. Quando eu compartilho nos meus vídeos as técnicas que uso para economizar e do que abro mão, muitas pessoas julgam que sou mesquinha e que abro mão das coisas boas em troca de juntar dinheiro. Isso é um tremendo engano. O que eu mostro lá são as coisas das quais eu abro mão porque pra mim não é custoso, porque na minha trajetória de autoconhecimento entendi que aquilo não é riqueza pra mim e que para eu ter a vida dos meus sonhos preciso cortar drasticamente o que não afeta minha felicidade.

Então, as pessoas estão apenas me julgando baseadas no que é riqueza pra elas. Por exemplo, tem um vídeo em que falo as coisas que eu cortei e vivo bem sem. Coisas básicas, mas valorizo qualquer economia vinda do que pra mim não faz falta. Lá eu disse que consumimos muito pouca carne em casa. As pessoas acharam uma loucura, porque partiram do princípio de que amo carne e só para economizar eu não compro mais. Também não deixei isso muito claro no vídeo, mas a verdade é que não sou a louca da carne e há anos já evito consumir muita carne, mesmo não sendo vegetariana (e nem sei se um dia serei, quem sabe?). Mas eu corto onde não interfere na minha felicidade e no meu bem-estar. Carne é um item que posso cortar tranquilamente do meu orçamento, me ajudará a economizar e não afetará minha felicidade. Como nesse exemplo da carne, cortamos várias coisas e deixamos as que mais gostamos. E encaixamos nossas necessidades na metade da renda da família: 50% a gente vive e 50% a gente investe.

Por que viver com metade da renda? Por alguns motivos:

☆ Você tem uma segurança muito maior em relação aos imprevistos. É muito mais fácil arcar com os custos quando eles são muito menores do que seu potencial financeiro, caso algo inesperado aconteça.
☆ É possível potencializar seus investimentos investindo 50% da renda. Sua reserva de oportunidades fica pronta mais rápida. Seu patrimônio cresce mais rápido e é possível realizar muito mais sonhos.
☆ Você se sente mais seguro e isso reflete em várias áreas da vida.

Eu vou compartilhar agora o passo a passo que segui para alcançar esse marco. Na verdade, já reduzi um pouco mais essa porcentagem. Hoje já vivemos com menos e sobra mais para potencializar nossas realizações. Mas, caso você queira encaixar o orçamento da família nesse formato, ou pelo menos reduzir um pouco o consumo para liberar mais para seus investimentos, esse passo a passo vai te ajudar.

1. Reduza, seguindo as técnicas aqui do livro, seus gastos mensais.
   No início, nós estávamos com a renda muito baixa. O Luiz, meu marido, estava pegando alguns *freelas* e eu sem salário, só investindo na empresa. Então focamos muito em manter um custo de vida bem enxuto.
2. Defina seu número mensal.
   Dentro de uma vida que seja boa de viver, quanto você custa no mês? Esse é o valor que vai te ajudar a chegar ao marco de viver com 50% da renda. Seu número significa os 50% do que precisa de receita.
3. Foque em aumentar as receitas.
   Você já tem um número, agora é necessário chegar ao dobro de valor na sua receita.
   Ex.: Seu número foi R$ 3.000 por mês. Você precisa focar numa renda de R$ 6.000 por mês. O que fizemos? Ao mesmo tempo em que o Luiz procurava novas oportunidades de trabalho, eu continuava investindo na empresa e confiante com o potencial de retorno que tudo isso nos traria. Vale investir numa especialização, ir conversar com o chefe e negociar aquele tão esperado aumento etc.
4. Use e abuse da renda extra.
   Às vezes, o aumento na renda principal pode levar mais tempo e exige um tempo de dedicação até alcançarmos a meta. Não que renda extra não exija da gente, porém o resultado, dependendo do que você escolher fazer, vem

mais rápido. Por isso te incentivo a pensar nessa possibilidade. Foi o que fizemos em 2017. Focamos na renda extra. Fizemos de tudo um pouco, dentro das nossas habilidades e possibilidades: O Luiz fazia bico vendendo café em eventos. Fazia ainda *freelas* de conteúdo. Hospedamos cachorros e chegamos a ter sete cachorros no nosso apê de 40 m². Fizemos faxina! Perceba que não tem nada relacionado à comida... Não tem nada a ver com meu perfil, hahaha. E comida é algo que dá uma boa grana, mas é isso que te digo, não adianta ser algo que dá dinheiro se eu não tenho habilidades para fazer. Vai acabar sendo algo muito custoso pra mim e não sairá com qualidade. Por isso, prefiro não fazer. E com o que podíamos e sabíamos, geramos uma boa renda.

5. Resista às tentações (o dinheiro não está sobrando!).

E agora vem um momento muito importante deste passo a passo todo. Todos os passos anteriores estão indo às mil maravilhas e você olha para sua conta bancária e vê tanto dinheiro "sobrando", que fica difícil não querer se dar uns luxos. Não saia gastando seu rico dinheirinho. Entenda: ele não está sobrando. E para tornar isso ainda mais real, veja o próximo passo.

6. Dê um destino para seu dinheiro.

Não deixe esse dinheiro dando sopa na sua conta. Já tenha previamente definido o destino de cada valor excedente aos 50% das suas necessidades. O que não vai pagar conta vai pra onde? Defina e já direcione tudo certinho para evitar a tentação que a ilusão do dinheiro sobrando traz.

Pronto, gente, esse passo a passo já te deixa ainda mais perto de uma vida financeira saudável e sustentável, além de cada dia mais rica!

Veja mais em vídeo

Acesse o canal https://www.youtube.com/MaiaraXavier e assista a alguns vídeos que separei especialmente sobre este tópico. Você vai gostar!

6 Coisas que deixei de comprar (e me fizeram economizar!)
https://youtu.be/eoCVQEE_T3o

O que eu faço para ganhar R$ 1.000 Por mês sem sair de casa – Renda extra https://youtu.be/8yzZ6o5tTZM

Como economizar 20% do seu salário
https://youtu.be/HBeqOTq_oK0

Dicas de renda extra

Eu sou super mega blaster fã de renda extra. Acredito que é uma ótima alternativa para dar aquela turbinada nas receitas. Quero aproveitar e te passar algumas dicas com o objetivo de te dar uma ideia de por onde começar. Lembrando que o legal mesmo é fazer algo com que você se identifique, pois fica mais fácil de superar as dificuldades e encontrar a motivação necessária para continuar.

Outra coisa superimportante para ser mencionada aqui é que você cultive mais de uma fonte de renda. Centralizar todas as suas receitas financeiras em uma só fonte é 100% de risco. Quanto mais opções você tem, mais protegido está seu patrimônio. E renda extra vem como sugestão para ajudar a solucionar essa questão.

Por isso, a primeira coisa que você vai fazer é listar aí áreas de atividade do seu interesse. Ex.: alimentação, atendimento ao público, animais, internet, conteúdo, artesanato, faxina, crianças... etc.

Existem muitas possibilidades para gerar renda extra. A partir das minhas sugestões, você pode identificar alguma outra oportunidade, e isso é maravilhoso! O que importa é ganhar dinheiro, minha gente.

Influenciador digital

Se você tem uma paixão e acredita que pode influenciar outras pessoas que se interessam por esse mesmo assunto, vá em frente. Pensar em ser influenciador digital e ganhar dinheiro com isso pode ser uma ótima ideia. Apesar de saber que esse trabalho exige muita dedicação e tempo, sei também que é possível gerar uma renda extra fazendo isso em paralelo com outras atividades. Então, super indico. Comece organizando suas redes sociais. Definindo claramente seu nicho e objetivo dos seus perfis, é possível ganhar dinheiro produzindo infoprodutos e até mesmo sendo patrocinado por marcas. Pontos importantes:

- ☆ Seja sempre muito sincero e honesto.
- ☆ Não faça isso só por dinheiro, porque não vai funcionar; é preciso amar e se identificar.
- ☆ Preze sempre pela qualidade e consciência tranquila.
- ☆ Conheça mais sobre as plataformas Hotmart e Eduzz!

Divulgue seus serviços na internet

Se você faz faxina, é montador de móveis, faz mudanças ou até mesmo é pintor, cadastre seu perfil em sites de busca de serviços. Um que uso bastante como cliente em busca de profissionais e sempre resolveu meus problemas é o GetNinjas. Vale a pena tentar. Também existem sites caso você tenha habilidades com estética, massoterapia, manicure ou maquiagem. Vale a pena dar uma olhadinha no Singu.

Conteúdo para internet

Pra quem tem habilidades com o português, marketing digital e redes sociais, uma ótima alternativa é oferecer esses serviços em sites que fazem esse meio de campo entre profissionais e pessoas necessitando desses serviços. Um site que já usei como cliente e adorei é o Workana. Dá uma espiadinha lá e depois me conta o que achou.

Hospede e passeie com cachorros

Esse daqui é um dos meus favoritos. Já fiz muuuito isso, adoro cachorros e até hoje ainda faço, muito mais por amor do que pelo dinheiro, já que a vida agora está bem mais corrida e não consigo me dedicar a essa atividade como no passado. Mas você pode se cadastrar no DogHero, que é um aplicativo onde você se cadastra e pode começar a receber cachorrinhos em casa para hospedagem ou para passeio. O app fica com 25% do valor total e o restante deposita direto na sua conta do banco. Super indico.

Alugue o quarto de hóspede

Esse aqui até há algum tempo não funcionava pra mim, porque eu só morava em apartamento de um quarto. Depois que me mudei para um apê com dois quartinhos, até já cheguei a pensar nessa possibilidade. Acho que pode ser uma boa alternativa. Só tome cuidado de fazer isso através de uma plataforma confiável pra evitar problemas. A mais conhecida é Airbnb, em que você cadastra lá seu espaço e disponibiliza para aluguel. Pode ser um quarto ou até mesmo o apê inteiro.

Artesanato

Eu adooooorooo artesanato, mas já percebi que não tenho muita paciência pra isso. Então, admiro mais ainda quem tem e faz essas coisas maravilhosas. Em 2010, eu tive uma lojinha virtual de artesanato, fazia e vendia coisinhas feitas de biscuit. Deu supercerto. Utilizei a plataforma Elo7 pra montar minha lojinha e isso foi fantástico. Jamais teria conseguido alcançar tantas pessoas se tivesse tentado uma lojinha independente. Superaprovo e indico.

À noite ou nos finais de semana

Que tal ser garçonete/garçom aos finais de semana, ser babá à noite, trabalhar em eventos entregando panfletos ou com atendimento a clientes?

Faça e venda cursos *on-line*

Utilize plataformas como Udemy e Eduk para publicar seus conteúdos e ganhar comissão por cada venda efetuada.

O que não faltam são opções para gerar renda extra, minha gente. O que é preciso mesmo é vontade. Só não ganha dinheiro quem não quer!

Anotações:

🎬 Veja mais em vídeo

Acesse o canal https://www.youtube.com/MaiaraXavier e assista a alguns vídeos que separei especialmente sobre este tópico. Você vai gostar!

5 Dicas pra faturar renda extra! Ganhe até R$ 1.930 em 1 semana
https://youtu.be/2eoDAEqCYM4

Seu plano de liberdade financeira nas mãos

Riqueza, estamos chegando aos finalmentes na jornada da Rica Simplicidade. E com isso quero muito te ajudar a sair daqui investindo seu rico dinheiro. Porque investimento não é secundário, ele faz parte fundamental do pacote. Não dá pra se obter a Rica Simplicidade sem este tópico aqui afiadíssimo. Quero te passar algumas dicas práticas para você investir o seu dinheiro e mais, aumentando substancialmente sua riqueza.

Bora lá!

Investimentos (onde investir de acordo com os objetivos)

Vamos simplificar esse papo de investimentos de uma vez por todas. A primeira coisa que queria falar aqui neste tópico é sobre o MEDO DE INVESTIR. Ainda recebo muitos e-mails e comentários de pessoas que não investem seu dinheiro por medo. Sendo investidora há anos e vendo na prática que esse medo não é um medo real, quero muito te ajudar com isso, afinal sabendo que muitas pessoas não investem, percebo que o medo as está empobrecendo. Não posso deixar isso acontecer. Vamos a algumas diquinhas na tentativa de eliminar de uma vez por todas esse seu medo...

Eu invisto meu dinheiro há mais de 10 anos. Entre idas e vindas, altos e baixos da vida, em alguns anos foram com mais intensidade, enquanto em outros, com bem menos frequência. Mas tenho que te dizer que NUNCA PERDI DINHEIRO sem estar ciente disso. Como assim, Maiara? Simples. Se você estuda um pouco sobre investimentos e onde vai colocar o seu dinheiro, baseado nas características dos seus objetivos, você só perde dinheiro porque errou na organização financeira. Mas isso vai acontecer independentemente de investir ou não. E arrisco dizer que já deve estar acontecendo.

Pois bem, como isso funciona? Todas as vezes que perdi dinheiro nos meus investimentos foi porque não estudei direitinho sobre o investimento que estava fazendo e no meio do caminho percebi que não era pra mim e, antes que perdesse mais na frente, eu tirei o dinheiro. Exemplo disso foi uma previdência privada que fiz logo que li o livro *Mulher Rica*. Corri ao Banco do Brasil e contratei uma previdência privada. Não entendia nada sobre os detalhes desse investimento e não me informei sobre taxas e tudo mais. Com o tempo, percebi que não fazia sentido seguir investindo nesse tipo de investimento e que eu podia fazer mais e melhor com esse mesmo valor. Fui lá e saquei toda a grana. Perdi muito do que tinha colocado por ter tirado antes do prazo acordado. Também já perdi dinheiro em ações, mas porque eu coloquei um dinheiro que precisaria a curto prazo. E quando finalmente chegou o dia que precisei do dinheiro ele estava valendo menos do que quando coloquei. Aí perdi uma graninha. Com isso, quero te mostrar que você não vai simplesmente perder o seu dinheiro se seguir todo passo a passo aqui da Rica Simplicidade, pois você já tem um orçamento todo estruturado e não vai precisar se desesperar ou fazer escolhas ruins. Sua reserva de oportunidade vai proteger seus investimentos e com ela você corre menos risco de precisar tirar o dinheiro de determinado investimento antes do prazo e assim não perde dinheiro.

Como criar sua reserva de oportunidades:

- ☆ Separe o valor do seu custo de vida mensal.
- ☆ Multiplique pela quantidade de meses que deseja ter como proteção. Eu indico pelo menos três, muito bom se conseguir seis meses.
- ☆ Para criá-la, pegue os 10% do seu orçamento que já separamos pra isso e vá investindo até alcançar o montante que você definiu.

Exemplo:

Seu custo mensal é R$ 3.000 e você pretende criar sua reserva para 6 meses. Então, o seu montante necessário é R$ 18.000. Se seu salário é R$ 5.000 líquido, 10% correspondem a R$ 500. Assim, invista esses R$ 500 por mês em investimentos com liquidez diária. Sugestões: Tesouro Selic e CDB.

🎬 Veja mais em vídeo

Acesse o canal https://www.youtube.com/MaiaraXavier e assista a alguns vídeos que separei especialmente sobre este tópico. Você vai gostar!

Entenda como funciona o Tesouro Direto
https://youtu.be/KI7oUKG97a4

É importante lembrar que não existe lugar 100% seguro para seu dinheiro. Se você deixa seu dinheiro parado na poupança, você também está correndo risco de perder dinheiro e, inclusive, está perdendo mesmo, porque deixar de ganhar também é perder. Render abaixo da inflação também é perder e é isso que ocorre com o dinheiro na poupança.

Se você não investe no Tesouro Direto por medo que o governo dê calote, tenho que te dizer que, se chegarmos a esse ponto de o governo não pagar seus investidores, é que o Brasil acabou. O último apaga a luz e fecha a porta. Te digo que não há possibilidades de vermos isso acontecer. Se o Brasil acabar, os primeiros a quebrarem serão os bancos e, se chegarmos nessa calamidade, pra que mesmo vamos precisar do dinheiro?

Lembre-se ainda de que conhecimento é uma arma contra o medo. Você já tomou uma grande decisão ao adquirir este exemplar de *A Rica Simplicidade: uma jornada de autodescoberta para o enriquecimento*. Já não é uma pessoa despreparada, sem nenhum conhecimento. Com seus objetivos em mãos e com as informações que vou passar aqui sobre investimentos, selecione o que mais se encaixa com suas necessidades, aprofunde seus conhecimentos neles e invista tranquilamente.

Coloque em prática. Também não fique aí só estudando e pensando que ainda não sabe o suficiente, esperando até se sentir seguro para partir para a prática. Esse não é o caminho. O caminho certo é: estude um pouco e pratique muito. Só a prática vai te mostrar como realmente funciona e te deixar mais tranquilo para continuar.

Separe um valor para o custo de aprendizado. Se você está com muito muito medo de investir, eu te aconselho a separar o dinheiro da pinga, aquele que não faria falta caso você perdesse tudo. Com esse valor em mãos, escolha um investimento e entre no jogo. Experimente, faça como você acredita que tem que fazer e acompanhe os resultados. Se deu certo, bacana, parabéns, é só continuar. Sempre avaliando novas possibilidades de melhorar. Não deu certo? O que fez de errado e o que precisa melhorar para as próximas aplicações?

Vou tentar ser o mais prática e objetiva possível ao passar as dicas sobre os investimentos por aqui, pois você encontra muita teoria hoje em dia com facilidade de acesso na internet e o foco deste livro é ser prático e que você aplique na sua vida imediatamente. Acompanhe ainda nosso canal lá no YouTube, que sempre tem conteúdo complementar ao que passamos aqui pra te ajudar com essas questões. Mesmo assim, precisamos alinhar alguns conceitos superimportantes para seus investimentos. Entendendo sobre eles, você vai arrasar muito.

Alguns conceitos-chave:

Taxa Selic – Essa é uma taxa muito importante para nosso bolso, por isso é bom sempre estar de olho nela. Conhecida como a taxa básica de juros do país, ela comanda o andar da carruagem dos juros. Se ela sobe, as outras taxas, como de empréstimos, financiamentos etc., também sobem. Ela serve como base para o mercado como um todo se guiar. A cada 45 dias os membros do COPOM, que faz parte do Banco Central do Brasil, se reúnem para decidir se a Taxa Selic se mantém ou não, podendo subir ou cair. A decisão envolve algumas variáveis e muita interferência do governo.

CDI (Certificado de Depósito Interbancário) – Essa é uma taxa usada para as transações feitas entre bancos. Eles se emprestam dinheiro e utilizam a taxa CDI como referência. Ela acompanha bem de pertinho a Taxa Selic. Por exemplo, a Taxa Selic está 6,50% ao ano e o CDI está 6,39% ao ano. Veja que fica sempre abaixo. E alguns investimentos em renda fixa possuem sua rentabilidade atrelada a ela. Se um CBD está sendo ofertado com rentabilidade de 100% do CDI, significa que ele rende exatamente 6,39% ao ano.

IPCA – Esse é o índice que mede a inflação, a variação do valor dos produtos consumidos por nós, todos os meses. Analisa estas categorias: alimentação e bebidas, artigos de residência, transportes, comunicação, despesas pessoais, habitação, saúde e cuidados pessoais, vestuário, educação. Com o tempo, nosso dinheiro perde o valor e o que se comprava com R$ 100 há 10 anos não se compra mais hoje, isso tudo por causa da inflação.

FGC (Fundo Garantidor de Crédito) – Este fundo é um queridinho para nós, pequenos investidores. Ele nos dá proteção para investimentos em renda fixa. Caso uma instituição financeira quebre, e nosso dinheiro esteja lá investido, por exemplo, em CDBs no valor de até R$ 250.000, o fundo nos devolve. Não são todos os investimentos que possuem essa proteção, então é sempre bom se informar certinho caso você esteja procurando se garantir. O fundo é sustentado por todos os bancos que possuem investidores nesses tipos de investimentos que possuem tal proteção. Todo mês cada instituição tem que passar uma parte de toda quantia que possui de investimentos ao fundo. Então, o FGC não está ligado a nenhum banco, mas trabalha em parceria com vários.

Pós-fixado – Quando você ouvir esse termo, entenda que o investimento em questão está atrelado a uma taxa que oscila, e que você não tem como saber exatamente quanto receberá ao final do período acordado. Sabe apenas a qual taxa ele está atrelado.

Pré-fixado – Nesse caso, você sabe exatamente quanto irá receber ao final do período acordado no investimento. A taxa é definida no momento da contratação do investimento e se mantém fixa durante todo o período.

Renda Fixa – Tipos de investimentos nos quais você empresta seu dinheiro a instituições financeiras ou ao governo e em troca te pagam com juros, previamente acordados na hora de investir.

Vamos à prática

O que separei aqui para você são dicas de onde você pode investir seu dinheiro para realizar seus objetivos. Além dos que vou indicar existem, muitos outros investimentos, pois são muitos os tipos disponíveis no mercado. Mas não vamos complicar, então procurei ser o mais objetiva possível. Nada impede de você ir em busca de alternativas que não citei aqui e complementar. Indico apenas que faça isso quando já estiver saído do básico e quando já tiver parte do seu patrimônio em investimentos conservadores, como os da reserva de oportunidades.

Seguem abaixo minhas sugestões de onde investir o seu dinheiro de acordo com seus objetivos.

Para objetivos de curto prazo = até dois anos

- ☆ **Tesouro Selic** – emprestar dinheiro para o governo. Investimento atrelado à Taxa Selic.
- ☆ **CDB (Certificado de Depósito Bancário) de liquidez diária com no mínimo 100% do CDI de rentabilidade** – emprestar dinheiro para o banco.
- ☆ **CDB (Certificado de Depósito Bancário) com prazo de até dois anos** – emprestar dinheiro para o banco.
- ☆ **LCIs (Letras de Crédito Imobiliárias) e LCAs (Letras de Crédito Agrícolas)** – emprestar dinheiro para a instituição financeira direcionar para financiamento imobiliário e para financiar o agronegócio.

Para objetivos de médio prazo = de dois a oito anos

- ☆ **Tesouro IPCA+** – emprestar dinheiro ao governo. Investimento atrelado à taxa de inflação.
- ☆ **CDB (Certificado de Depósito Bancário) com prazos de até dois anos** – emprestar dinheiro para o banco.

- ☆ **LCIs (Letras de Crédito Imobiliárias) e LCAs (Letras de Crédito Agrícolas)** – emprestar dinheiro para a instituição financeira direcionar para financiamento imobiliário e para financiar o agronegócio.
- ☆ **Fundos de investimentos (renda fixa e multimercados).**
- ☆ **FIIs (Fundos de Investimentos Imobiliários)** – compram-se cotas e se torna dono de parte dos imóveis que fazem parte do fundo. Mensalmente, recebe aluguéis na conta da corretora proporcional à participação no fundo, livre de IR.
- ☆ **Ações – investir em empresas boas pagadoras de dividendos** – tornar-se sócio de boas empresas, ganhar com a valorização das ações e com o recebimento de dividendos.

Para objetivos de longo prazo = a partir de oito anos

- ☆ **Tesouro IPCA+** – emprestar dinheiro ao governo. Investimento atrelado à taxa de inflação.
- ☆ **FIIs (Fundos de Investimentos Imobiliários)** – compram-se cotas e se torna dono de parte dos imóveis que fazem parte do fundo. Mensalmente, recebe aluguéis na conta da corretora proporcional à participação no fundo, livre de IR.
- ☆ **Fundos de investimentos (renda fixa e multimercados).**
- ☆ **Ações – investir em empresas boas pagadoras de dividendos** – tornar-se sócio de boas empresas, ganhar com a valorização das ações e com o recebimento de dividendos.

Veja mais em vídeo

Acesse o canal https://www.youtube.com/MaiaraXavier e assista a alguns vídeos que separei especialmente sobre este tópico. Você vai gostar!

Como escolher o melhor FII – Invista na prática
https://youtu.be/5MRMi9TK7ic

Imposto de renda em seus investimentos

Riqueza, quando entramos no universo dos investimentos há algo que precisamos ficar atentos, que é o imposto de renda. Cada tipo de investimento possui características diferentes, mas para o pequeno investidor a coisa ainda é bem simples. Conforme vamos enriquecendo e movimentando maior volume de dinheiro, alguns outros pontos precisam ser levados em consideração.

Se fosse explicar tudinho sobre o IR nos investimentos, precisaria de um bom espaço dedicado a ele e daria um livro só pra tratarmos disso. Mas nesse momento da jornada, não quero que se preocupe tanto com essa parte. Por isso, vou deixar aqui algumas informações básicas importantes e, conforme você for se aprofundando nos investimentos, não deixe de buscar informações, tá bom?

Renda fixa

→ LCI e LCA

Quanto pagar?

Título isento de Imposto de Renda.

Como pagar?

Título isento de Imposto de Renda.

Como declarar?

Rendimentos Isentos e Não Tributáveis.

→ CDB e Títulos do Tesouro Direto

Quanto pagar?

% do rendimento seguindo tabela regressiva de acordo com o tempo de investimento.

Como pagar?

Imposto retido na fonte. Você já saca seu valor com rendimentos descontado o IR.

Como declarar?

Rendimentos Sujeitos à Tributação Exclusiva/Definitiva.

→ Fundos de Investimentos

Fundos de Ações

Quanto pagar?

15% sobre o rendimento, retidos no resgate.

Como declarar?

Rendimentos Sujeitos à Tributação Exclusiva/Definitiva.

→ **Fundos de renda fixa, multimercado, referenciados e cambiais**

Quanto pagar?

20% sobre o rendimento semestralmente (come-cotas) para fundos de curto prazo e 15% para fundos de longo prazo. No resgate, há uma cobrança complementar, que varia de acordo com o tempo que o seu dinheiro ficou aplicado, seguindo a tabela regressiva de IR.

Tabela regressiva de IR para renda fixa e fundos	
Até 180 dias (6 meses)	22,5%
De 181 a 360 dias (entre 6 meses e 1 ano)	20%
De 361 a 720 dias (entre 1 e 2 anos)	17,5%
Mais de 720 dias (mais de 2 anos)	15%

Renda variável

→ **FIIs (Fundos de Investimentos Imobiliários)**

Quanto pagar?

Os Ganhos de Capital (Lucros) na venda de cotas de FII são tributados à alíquota de 20%.

Como pagar?

O IR deve ser calculado pelo investidor com base no lucro das vendas realizadas no mês anterior e pagas por DARF até o último dia do mês seguinte. Os custos de corretagem e emolumentos podem ser descontados do cálculo do lucro/prejuízo. Prejuízos realizados num mês podem ser compensados com ganhos em meses subsequentes para efeito de Imposto de Renda.

Como declarar?

Operações Fundos Invest. Imob. do grupo Renda Variável.

→ **Ações**

Quanto pagar?

15% sobre o lucro nas operações normais.

Para investimentos no mês em que as vendas forem abaixo de R$ 20 mil, existe um benefício, que é a isenção do pagamento de imposto de renda.

Caso haja prejuízo, anote o valor e guarde, pois, nos meses seguintes em que houver lucro, você poderá descontar o valor perdido no passado.

Como pagar?

O IR deve ser calculado pelo investidor com base no lucro das vendas realizadas no mês anterior e pagas por DARF até o último dia do mês seguinte.

Como declarar?

Em "Bens e Direitos" clicar em "Novo" para incluir uma nova posição ou "Editar" para modificar uma posição já lançada.

Código: Selecionar a opção "31 – Ações (inclusive as provenientes de linha telefônica)". Localização (País): Selecionar a opção "105 – Brasil".

Renda passiva

Sabe em que momento você identificará que enriqueceu? Quando tiver renda passiva suficiente para suprir todas as suas necessidades financeiras. Por isso ela é tão importante e eu não poderia não citá-la aqui neste livro. Afinal, estamos aqui porque queremos enriquecer, não é mesmo?!

Como você bem sabe, foi amor pela renda passiva que me fez trilhar os caminhos da educação financeira. Por isso, você precisa pensar em incluí-la cada vez mais na sua vida. Ela irá te enriquecer.

Se você tem um imóvel quitado e ele está alugado, o valor desse aluguel vem em forma de renda passiva para seu bolso. É seu bem (o imóvel) que no passado você se esforçou para conquistar e hoje trabalha fazendo mais dinheiro pra você, enquanto você está fazendo outras coisas.

Para criar as fontes de renda passiva, é necessário um esforço durante um tempo, para que elas comecem a nos dar retorno, mas o esforço será recompensado pelo fato de que, depois, quem se esforçará será seu dinheiro fazendo mais dinheiro sem necessitar do seu tempo para isso.

Os investimentos que citei agora há pouco têm esta função: a de lhe proporcionar renda passiva. Seu esforço está em juntar uma quantia e investi-la num tipo de investimento adequado aos seus objetivos. E os juros provenientes desses investimentos vêm para seu bolso em forma de renda passiva.

Uma alternativa de renda passiva é o empreendedorismo. Montar um negócio que funcione a maior parte do tempo sem precisar de você o tempo todo, fazendo dinheiro enquanto está fazendo outras coisas, inclusive mais dinheiro. Por que não?!

Tudo que te dá dinheiro sem precisar mais do seu esforço direto é uma fonte de renda passiva e é o segredo do enriquecimento. Afinal, todos temos apenas 24 horas no dia, e quando conseguimos multiplicar isso, não precisando dedicar cada hora do nosso trabalho para gerar nossa renda, é que conseguimos potencializar nossos ganhos.

Vídeos no YouTube que continuam tendo boas visualizações e que sejam monetizados pelo canal são um tipo de renda passiva. Escrever um livro! Você teve o trabalho uma vez de escrever tudo e, depois, conforme ele é vendido, durante um tempo você recebe sua participação como autor.

Por isso, não menospreze esse formato. Procure desenvolver aí na sua vida cada vez mais fontes de renda passiva, e com o tempo esse valor será suficiente pra pagar seus custos e você só trabalha se quiser, porque seu dinheiro estará dando duro por você.

Recapitulando! Seu plano de liberdade financeira é composto por:
- ☆ Identificar seus valores e viver de acordo com eles.
- ☆ Organizar seu orçamento tendo o cuidado de não deixar de fora coisas importantes.
- ☆ Viver dentro das suas possibilidades.
- ☆ Aumentar suas receitas.
- ☆ Ter mais de uma fonte de renda.
- ☆ Investir sua grana focando em renda passiva.

Eu espero que este livro tenha conseguido levar pelo menos um pouco mais de riqueza para sua vida. E que reflita nos seus resultados e numa vida com muito mais propósito e menos *status*.

Minha missão é ajudar o maior número de pessoas possível a simplificar essa jornada de enriquecimento e, principalmente, que voltem a sonhar e acreditar que são capazes de realizar.

Não viemos a essa vida a passeio, precisamos tirar o melhor que há de cada experiência vivida e tomar o controle da parte que nos cabe!

Chega de mimimi, somos riquezas e vamos trilhar a rica simplicidade.

Obrigada por me acompanhar até aqui e espero que nossa relação continue após o fechamento deste livro lá nas redes sociais.

A jornada é longa e, com companhia, vale muito mais a pena.

Bora enricaaar!

Referências

ALMQUIST, Eric; SENIOR, John; BLOCH, Nicolas. The elements of value. *Harvard Bussiness Review*, set. 2016. Disponível em: <https://hbr.org/2016/09/the-elements-of-value>. Acesso em: jul. 2018.

BUENO, BJ; JEFFREY, Scott. Maslow's Hierarchy of Human Needs. *The Cult Branding Company*, 6 jul. 2012. Disponível em: <http://cultbranding.com/ceo/maslows-hierarchy-of-human-needs/>. Acesso em: jul. 2018.

CERBASI, Gustavo. *Como organizar sua vida financeira*. Rio de Janeiro: Sextante, 2015.

DICIO – *Dicionário online de Português*. Verbete "riqueza". Disponível em: <https://www.dicio.com.br/riqueza/>. Acesso em: jul. 2018.

KIYOSAKI, Kim. *Mulher rica*: odeio que me digam o que fazer. Rio de Janeiro: Altabooks, 2017.

MARQUES, José Roberto. Roda da vida: o que é e como funciona? *Portal IBC*, 24 mar. 2018. Disponível em: <https://www.ibccoaching.com.br/portal/coaching/conheca-ferramenta-roda-vida-coaching/>. Acesso em: jul. 2018.

Conheça outros livros da Empreende:

Acesse o canal de vídeos gratuitos empreende.vc no Youtube.
Alguns exemplos:

Cadastre-se gratuitamente no site **www.empreende.com.br** para receber novidades sobre nossos lançamentos.

Envie-nos e-mail para **emp@empreende.com.br** e obtenha informações sobre promoções e ofertas especiais.

Siga-nos nas redes sociais:
@ editoraempreende
f editoraempreende

empreende

Formato 16x23cm
Minion Pro 11,5/15
Papel Offset Sun Paper 90 g/m²
Número de páginas 160

Pré-impressão, impressão e acabamento
GRÁFICA SANTUÁRIO

grafica@editorasantuario.com.br
www.graficasantuario.com.br
Aparecida-SP